再生沥青分子模拟技术与性能评价

叶群山　李平　羊治宇　著

中南大学出版社
www.csupress.com.cn
·长沙·

前　言

21世纪以来，我国道路交通迅速发展，沥青路面由于具有表面平整、振动小、行车舒适、扬尘少、噪声低等突出特点，在道路工程中被大量铺设，占据了我国公路总里程的90%。路面沥青材料在行车荷载和自然环境等因素影响下会发生老化，使路面产生病害，服役性能降低，最终导致路面无法满足行车需要。如果将这些老化沥青材料直接弃置，不但会浪费大量的自然资源，还会给我们的环境造成无法弥补的危害。因此如何对老化沥青进行再生利用、降低对资源的消耗引发了社会各界的重点关注。

目前，公路工程相关领域的研究人员一般都是通过掺入再生剂的方式来实现废旧沥青的再生利用。研究表明，通过这种方式制得的再生沥青高低温流变性能、高温蠕变恢复和疲劳等性能都得到了很好的改善，既达到了提升沥青路用性能的要求，又创造了社会经济效益和环境保护效益。然而再生剂的类别众多，包括了许多种类的矿物油和生物油，且许多再生剂存在价格昂贵、危害环境、再生效果欠佳等问题，因此选择出性能优良的再生剂成为废旧沥青二次利用的关键。本书将通过对原材料进行微观分析试验获取分子建模参数以建立分子模型，初步筛选出几种在模拟条件下性能较为优异的再生剂，然后通过多种宏观和微观试验来评价不同种类再生剂的再生效果，并验证其与分子模拟结果的一致性。

本书包括5个章节。第1章绪论总结了再生沥青的发展现状、存在的问题和现有的解决方法；第2章介绍了试验原材料、沥青和再生剂分子模型的构建与优化；第3章介绍了生物油再生剂和再生沥青的材料组成设计、技术性能和作用机理；第4章介绍了桐油复合再生剂和再生沥青的材料组成设计、技术性能和作用机理；第5章介绍了SBS-废食用油复合再生剂和再生沥青的材料组成设计、技术性能和作用机理。

本书各个部分内容既相互独立，又紧密联系。同时，本书在内容编排和文字阐述时尽量做到深入浅出、详略得当，希望能够为相关领域的研究人员和研究生提供参考。但是由于再生剂和再生沥青的组成、性能和机理非常复杂，书中难免存在一定错误，如有不当，敬请各位读者批评指正，以便去伪存真，提高我们的认知水平。

本书获得长沙理工大学出版资助，依托国家自然科学基金项目(52378437)、湖南省教育厅项目(20A012)等项目的资助完成，并获得公路养护技术国家工程研究中心的支持。本书由叶群山统稿，其中第1章、第2章由叶群山、李平撰写完成，长沙理工大学道路与铁道工程专业研究生羊治宇、秦梦楠、张思敏、瓮安琦、郑绣茹、汪俊辉参与了第3章、第4章和第5章的实验、数据整理以及文本编辑等工作。本书涵盖的研究工作得到吕松涛教授、王辉教授、谢娟副教授的指导与支持，在此表示衷心的感谢！

鉴于作者水平有限且时间仓促，书中缺点和不足之处在所难免，恳请各位专家、学者和读者批评指正！

目　录

>>>

第1章　绪　论 ……………………………………………………… 1

  1.1　研究背景及意义 ………………………………………………… 1

  1.2　国内外研究现状 ………………………………………………… 2

    1.2.1　废旧沥青的再生利用研究现状 ……………………………… 2

    1.2.2　沥青分子动力学模拟研究现状 ……………………………… 5

    1.2.3　再生剂国内外研究现状 ……………………………………… 8

  1.3　研究内容 …………………………………………………………… 9

第2章　沥青和再生剂分子模型建立与优化 ………………………… 11

  2.1　试验材料 …………………………………………………………… 11

    2.1.1　基质沥青 ……………………………………………………… 11

    2.1.2　老化沥青 ……………………………………………………… 12

    2.1.3　再生剂 ………………………………………………………… 13

  2.2　分子模型构建 …………………………………………………… 14

    2.2.1　沥青分子模型 ………………………………………………… 14

2.2.2 再生剂分子模型 ·· 17

2.3 参数设置和模型优化 ·· 19

2.3.1 分子力场 ·· 19

2.3.2 系综 ·· 19

2.3.3 模型优化方法 ·· 20

2.3.4 热力学参数验证 ·· 21

2.3.5 再生沥青分子建模 ·· 23

2.3.6 分子结构验证 ·· 23

2.4 本章小结 ·· 25

第3章 生物油再生剂与再生沥青性能 ·· 26

3.1 生物油再生剂对老化沥青分子结构的影响 ·· 26

3.1.1 沥青质分子空间分布 ·· 26

3.1.2 自由体积分析 ·· 30

3.1.3 再生沥青力学性能分析 ·· 32

3.1.4 再生沥青–集料界面特性 ·· 33

3.2 生物油再生沥青制备与路用性能研究 ·· 38

3.2.1 组分与掺量优化研究 ·· 39

3.2.2 高温流变性能 ·· 42

3.2.3 交叉模量和交叉频率 ·· 47

3.2.4 应力蠕变性能 ·· 49

3.2.5 低温流变性能 ·· 52

3.2.6 抗热氧老化能力 ·· 55

3.2.7 G–R 参数 ·· 59

3.2.8 疲劳性能 ·· 61

3.3 再生沥青微观结构与再生剂作用机理分析 ·· 66

3.3.1 沥青表面微观形貌分析 ·· 66

3.3.2 红外光谱分析 ………………………………………… 69

3.3.3 凝胶渗透色谱(GPC)分析 ………………………… 71

3.4 本章小结 ……………………………………………………… 74

第4章 桐油复合再生剂组成设计与再生沥青性能 …………… 76

4.1 桐油复合再生剂材料组成设计优选及性能评价研究 ……… 76

4.1.1 原材料与技术性能 ……………………………………… 76

4.1.2 老化沥青的制备与性能评价研究 …………………… 77

4.1.3 再生剂原材料配比的优选 …………………………… 79

4.1.4 再生剂性能评价 ………………………………………… 84

4.2 再生沥青的流变性能研究 ………………………………… 85

4.2.1 再生沥青的制备 ………………………………………… 85

4.2.2 布氏旋转黏度 …………………………………………… 86

4.2.3 再生沥青的高温流变性能 …………………………… 87

4.2.4 再生沥青的低温流变性能 …………………………… 96

4.3 再生沥青的抗老化性与黏附性研究 ……………………… 100

4.3.1 流变性能老化指标分析 ……………………………… 100

4.3.2 基于表面自由能理论的再生沥青黏附性研究 …… 108

4.4 再生沥青的微观结构与机理分析 ………………………… 115

4.4.1 再生沥青红外光谱分析 ……………………………… 115

4.4.2 再生沥青凝胶色谱分析 ……………………………… 121

4.4.3 再生沥青扫描电镜分析 ……………………………… 126

4.5 本章小结 …………………………………………………… 128

第5章 SBS-废食用油复合再生剂组成设计及再生沥青性能 …… 130

5.1 原材料及复合再生剂组成设计 …………………………… 130

5.1.1 原材料及基本性能 …………………………………… 130

5.1.2 再生沥青制备 ………………………………… 132

5.1.3 预溶胀效果研究 ………………………………… 134

5.1.4 SBS 对复合再生沥青高温性能影响研究 ………… 136

5.1.5 复合再生剂组成设计 …………………………… 138

5.2 复合再生沥青流变性能研究 ………………………… 144

5.2.1 不同掺量再生沥青制备 ………………………… 144

5.2.2 高温流变性能 …………………………………… 145

5.2.3 低温流变性能 …………………………………… 148

5.2.4 高温蠕变恢复性能 ……………………………… 149

5.2.5 高低温 PG 分级 ………………………………… 154

5.2.6 疲劳性能 ………………………………………… 156

5.3 再生沥青的微观结构和机理分析 …………………… 161

5.3.1 扫描电镜分析 …………………………………… 161

5.3.2 再生沥青红外光谱分析 ………………………… 163

5.3.3 凝胶色谱分析 …………………………………… 166

5.4 本章小结 ……………………………………………… 170

参考文献 …………………………………………………… 171

第 1 章 绪 论

1.1 研究背景及意义

随着社会和经济的发展,我国的道路建设处于高峰期,到 2022 年末为止全国公路总里程 535.48 万公里,高速公路里程 17.73 万公里,公路养护里程 535.03 万公里,占公路总里程 99.9%[1]。因为沥青路面有着表面平整、振动小、行车舒适、扬尘小、噪声低等优点,所以在道路工程中,我国铺设了大量的沥青路面,沥青路面数量占总里程的 90%。由于沥青路面在服役过程中受行车荷载和环境因素等综合作用,路面沥青材料变硬变脆,发生老化,在行车荷载和温度应力的作用下会产生车辙、开裂和剥落等永久性病害,极易产生裂缝。许多沥青路面已经不能满足交通荷载的需求,已接近维护期或已经开始维护,大量废旧沥青混合料(reclaimed asphalt pavement, RAP)由此产生。如果把这些废旧沥青抛弃,不仅与"十四五"规划中大幅提高能源资源利用效率的主要目标相悖,还对环境造成严重的污染,对资源产生极大的浪费。一味地去开采新资源也会让生态环境失去平衡。因此,如何有效利用废料中的老化沥青、减少新材料的使用成为公路工程领域研究的热点。

沥青老化的本质是化学成分的不利转变，涉及软沥青的大量损失和大分子量沥青质的大量积累，沥青变得又硬又脆，柔韧性和流动性降低，路面容易开裂，严重影响道路的使用[2, 3]。当已建成的道路出现病害破坏时，势必找到经济又合理的维修养护方法，对沥青进行再生利用便是方法之一。目前常通过添加沥青再生剂来实现废旧沥青的二次利用，而常用的石油基再生剂成本较高且不可再生，与可持续发展理念相悖。因此，寻求一种低成本、绿色环保、再生效果显著的沥青再生剂是实现沥青有效再生的关键[4]。

研究表明，将制备的沥青复合再生剂与老化沥青制成再生沥青，能够有效提升老化沥青的高低温流变、高温蠕变恢复和疲劳等性能，对进一步提升老化沥青的路用性能具有重要意义。

1.2　国内外研究现状

1.2.1　废旧沥青的再生利用研究现状

最早在 1915 年，美国首先开始研究沥青混合料的再生利用，但应用发展比较缓慢。直到 1973 年席卷全球的石油危机全面爆发，造成石油的稀缺[5]，同时大部分国家出台了环境保护的相关政策，明令限制过分开采砂石等筑路原材料，由此导致了原材料价格上涨，人们无法承担资金的压力。在此阶段，美国开始关注到废旧沥青混合料的再生利用，并且努力推动全球范围内的专业技术人员对此项技术进行深入研究[6]。1980 年，美国共有 25 个州在实际道路工程中使用了超过 250 万吨的再生沥青混合料。截至 20 世纪 90 年代末，美国道路建设中有 50% 的路面是采用再生沥青混合料铺筑的。20 世纪以后，道路管理者逐渐认可接受预防性养护概念，开始大力发展用于预防性养护的沥青再生剂[7]。

我国对于废旧沥青混合料再生利用的研究相对较晚，20 世纪 80 年代，我国的专业技术人员开始研制初级再生剂，但主要针对低级渣油路面[8]。改革开放后，我国的道路建设工程中大多数是新建公路，旧路的维修较少，所以旧料基本很少，沥青的相关再生技术也基本没有涉及。近年来，大量的沥青路面进入养护、维修、翻新的阶段，再生技术也越来越被关注，对再生剂的需求量也越来越大。但是我国的石油沥青种类复杂，欧美进口的再生剂满足不了沥青路面部分性能的要求。所以，国内研究人员开始把精力投入在再生剂的研究上。

21 世纪以来，我国再生技术越来越成熟，2011 年，武汉理工大学陈美祝等采用废食用油对老化沥青进行再生研究。采用废食用油作再生剂研究其对老化沥青性能的恢复能力，并获得了相关专利[9, 10]。之后再利用废食用油和废润滑油分别对老化沥青再生，发现废食用油与废润滑油在合适掺量下能够将老化沥青的流变性能恢复至 90%，两种再生剂再生效果均等[11]。Chen 等分析了三种再生剂对老化沥青流变性的恢复能力，最终选择煎炸植物油作再生剂[12]。

Zhang 等人研究使用废木材衍生的生物油作再生剂恢复老化沥青性能的可能性。以 PG58-28 为基础黏结剂，以 RV、DSR、BBR 评估流变性能。结果表明，生物油中富含的丰富的轻质组分可以平衡老化沥青的化学组分。使用浓度为 15% 和 20% 的生物再生剂可以将老化沥青的低温抗裂性恢复到 PG58-28[13]。高新文等人通过使用废木材裂解制备生物油，发现其可以在一定程度上提高老化沥青的部分自愈合性能[14]。

另有研究人员采用大豆油作再生剂，研究对老化沥青性能的恢复效果。通过 DSR、BBR、FTIR、GC-MS 等试验分析了再生沥青的性能。结果表明，大豆油作再生剂明显改善了再生沥青的低温抗裂性和抗疲劳性，GC-MS 分析发现，在再生过程中，大豆油再生剂的化学组分几乎没有变化，说明大豆油再生剂与沥青之间没有化学作用[15, 16]。索智等采用以大豆油为原料的废地沟油作再生剂恢复老化沥青的性能，以各性能试验的指标确定最佳掺量，发现废地沟油再生剂可以降低老化沥青的黏度，同时显著改善老化沥青的低温性能[17, 18]。满琦采用大豆油、玉米油、葵花油从微观和宏观层面对这三种再生剂进行比较分析，最终以大豆油为植物油再生剂。该再生剂改善了老化沥青的物理性能，证明植物油再生剂在技术上的可行性[19]。

Asli 和 Zargar 采用废食用油研究老化沥青再生的可能性。通过对基质沥青、老化沥青与再生沥青的物理性能的测量和比较发现，老化沥青被 WCO 活化，其物理性质类似于基质沥青[20]。使用废食用油（WCO）进行沥青再生的综述文章，评估了 WCO 作为再生剂对沥青黏合剂的机械、流变、化学和微观以及沥青路面行为的影响，结论中强调向沥青黏合剂中添加 WCO 可以改善混合物的疲劳特性和抗温度开裂性能[21]。采用生物油可提高老化沥青的低温抗裂性，且再生沥青微观结构与基质沥青相似[22-23]。选择大豆油残渣作再生剂，渗透率提高，黏度降低，但对高温抗车辙性不利[24]。

木焦油基、RA-102 分别作再生剂对沥青结合料的性能恢复。木焦油基再生剂可以将老化沥青的物理性能恢复至规范要求；木焦油基再生剂对沥青结合料的高温性能、低温抗裂性，水稳定性和抗老化能力优于 RA-102 再生沥青混合料；木焦油与生物纤维共同作用使沥青结合料的强度与柔韧性显著提高，改善沥青路面的性能，也可以延长路面的使用寿命[25-27]。

选择蓖麻油作再生剂，探究再生剂掺量对沥青老化前后的影响。发现蓖麻油的掺入可降低老化沥青的当量软化点与当量脆点，增大沥青的针入度指数 PI 与塑性温度范围，蓖麻油再生剂能够明显改善再生沥青的低温性能和温度敏感性，但对沥青的高温性能有不利影响，同时再生沥青的抗老化性随蓖麻油掺量的增加而逐渐降低[28, 29]。

Wei 等人使用 77% 芳烃油和 23% SBS 聚合物的复合再生剂，对长期老化沥青和 SBS 改性沥青进行再生。DSR、RTIR 试验的测试结果表明，复合再生剂可以提高老化沥青和 SBS 改性沥青的软化点和延度；通过相位角主曲线的平稳区很好地区分了复合剂的聚合物改性效果。而且 SBS 聚合物的加入平衡了芳烃油对高温性能的削弱[30]。

Ameri 等人研究了再生剂以及软沥青对再生沥青胶结料（RAB）的疲劳特性的影响。通过温度扫描、线性幅度扫描和时间扫描评估含不同百分比的 RAB

的抗疲劳性。结果表明，再生剂可以改善含 100% RAB 的疲劳性能，达到原始胶结料水平，从 LAS 试验获得的疲劳寿命与应力-应变曲线中的峰值应力处的应变呈现良好的线性关系[31]。

1.2.2 沥青分子动力学模拟研究现状

作为一种新兴的计算机模拟技术，分子模拟方法可分为量子力学方法、分子力学方法、分子动力学方法和蒙特-卡洛方法。在沥青、沥青胶浆和沥青混合料三种体系中，分子动力学方法的应用最为广泛。分子动力学模拟利用经典牛顿力学原理求解体系中分子的运动轨迹，基于统计学原理对该轨迹进行分析以获取模拟系统的动力学特性，进而可以计算所研究对象的热力学性质和机械性能[32, 33]。

（1）沥青分子模型研究

目前在研究中所使用的沥青分子模型主要分为平均分子模型、三组分模型和四组分模型。Jennings 对美国 SHRP 计划中的沥青进行核磁共振试验，提出了 8 种沥青平均分子模型[34]。丛玉凤使用 E-d-M 法构建了辽河油田北方沥青的平均分子模型，并对 SBS 和沥青的相容机理进行了研究，其中溶解度参数计算结果与前期相容性试验结果完全吻合，证明了沥青模型的可靠性[35]。Sun 等人根据 GPC 和元素组成分析结果，基于改进的 B-L 方法，构建了 4 种沥青的平均分子模型，以研究温度对沥青自愈合行为的影响，结合不同沥青的相变温度和扩散系数，指出 40.3~48.7 ℃为沥青的最佳愈合温度[36]。Zhang 等首先提出了沥青的三组分模型，选择了 Arotk 和 Mullins 提出的沥青质模型，并使用 1，7-二甲基萘和正二十二烷分别表示环烷芳香分和饱和分构建沥青分子[37-39]。依托美国 SHRP 研究计划，Zhang 对三组分沥青模型进行了改进，提出了代表 SHRP 计划中 AAA-1 型沥青的四组分模型[40]。Li 和 Greenfield 提出了 SHRP 计划中 AAA-1、AAK-1 和 AAM-1 的新型沥青化学成分模型，使分子模型能更加精确地反映沥青的物理性能[41]。

（2）沥青与改性剂相容性研究

选择沥青改性剂时，除了考虑改性剂的物理性能之外，改性剂和沥青之间的相容性也是影响改性沥青最终性能的一个重要因素。分子动力学模拟方法通过计算分子的内聚能密度，进而求得其溶解度参数，借助溶解度参数这一指标，能够比较准确地预测沥青与改性剂之间的相容性，以指导选择改性剂、优化改性沥青的制备工艺。

王岚等的研究表明，在160℃时胶粉和沥青之间的相容性最好，老化引起的组分变化会提高沥青和SBR之间溶解度参数的差异，降低二者的相互作用能和相容性[42,43]。Li等使用相互作用能和溶解度参数差值评估了不同温度下SBS和沥青的相容性，发现高温会改善二者的相容性，饱和分含量越高，SBS和沥青相容性越好[44]。Guo等分析了不同来源橡胶和沥青之间相容性的差异，结果显示，聚丁二烯橡胶（BR）和沥青相容性最好，其次为丁苯橡胶（SBR），最后为天然橡胶[45]。在冷拌环氧沥青中，沥青和环氧树脂之间的相容性也是影响沥青稳定性和性能的一个重要因素，在冷拌环氧沥青中添加环氧大豆油（ESO）或纳米二氧化硅可以有效提高体系的相互作用能，降低沥青和环氧树脂之间溶解度参数的差值，促进沥青分散[46,47]。

（3）沥青与集料界面行为研究

沥青混合料作为由沥青、矿粉和集料组成的多相体系，其力学性能很大程度上取决于沥青-集料界面的黏附能力，使用分子动力学软件建立沥青-集料界面模型，能够直接观察到沥青分子和集料的吸附过程，有助于从纳观角度理解沥青-集料之间的黏附机理。

Gong等基于改进的B-L方法，结合元素分析、凝胶渗透色谱和核磁共振方法建立了不同针入度等级的沥青模型，并计算了沥青-石英界面的黏附能，发现针入度较低的沥青分子黏附性能较差[48]。在低温环境下，沥青和矿物产生黏附作用时，矿物表面的饱和分和芳香分的润湿作用占主导地位，沥青老化后，饱和分和芳香分比例下降，导致沥青和矿物之间的黏附性降低[49]。Xu等借助ReaxFF反应分子力场研究了基质沥青分子和老化沥青分子与酸性集料之间的黏附性，发现沥青老化后沥青分子氢原子的流失，是导致老化沥青与集料之间的黏附力下降的主要原因[50]。Chen 等模拟了在直接拉伸试验中，酸性和碱性集料表面沥青的界面破坏模式，发现微斜长石和沥青之间的破坏发生在沥青层位置，而石英和沥青之间的黏附失效主要发生在界面位置，表现为沥青层完全与集料表面分离[51]。为了改善沥青和集料之间的黏附性，Li 等使用聚对苯二甲酸乙二醇酯(PET)对沥青进行改性处理，发现 PET 能与集料表面的原子形成氢键，提高沥青和集料之间的黏附性[52]。除使用沥青改性的手段增强沥青和集料之间的黏附性之外，Ding 等使用硅烷偶联剂(SCA)对集料表面进行改性，发现 SCA 可以通过增强沥青和集料表面的范德华相互作用，显著提高沥青在集料表面的浓度分布，从而提高了沥青和花岗岩之间的黏附性[53]。

(4)沥青老化与再生机理研究

应用分子动力学(molecular dynamics, MD)模拟能够分析沥青的老化和再生机理，并预测再生后的沥青性能。有研究通过 MD 模拟发现沥青胶浆体系中的分子自由体积与其抗老化性能有关，自由体积越大，则抗老化性能越弱[54]。Hu 等基于 ReaxFF 反应力场研究沥青分子在氧化过程中生成的产物，发现氧化过程中 C—O 键的形成主要与氧气浓度有关，H—O 键的形成主要与反应温度有关[55]。Yang 等研究发现，酮和亚砜是沥青老化过程中的主要产物，但亚砜会先于酮生成，酮更倾向于在环苄基碳上形成，反应过程中生成的过氧化氢和氢自由基会促进沥青分子聚合[56]。Ren 等使用 MD 模拟预测了长期老化对沥青热力学性质的影响，发现老化过程显著提高了沥青的内聚能密度和溶解度参数，同时降低了沥青的表面自由能和分子迁移率[57]。Min 等建立紫外老化后沥青分子模型，发现在紫外老化沥青分子中加入短链烷烃和多支链长链烷烃可以防止沥青中大分子团聚，降低沥青黏度，提高紫外老化沥青的低温抗裂性能[58]。

张永兴等研究发现分子间的静电相互作用能是影响老化沥青再生的主要因素[59]。也有研究发现分子的热运动不是再生剂扩散的唯一原因，范德华力也是推动再生剂扩散驱动力之一，且扩散过程会随着范德华势能的稳定而结束[60]。陈龙等使用界面再生融合速率、融合程度等参数量化再生混合料沥青界面扩散融合程度，证明了分子动力学模拟计算结果的合理性[61]。Elham 等研究了不同再生剂的化学成分对氧化沥青质分子团聚的影响，发现所使用的再生剂均能增加老化沥青的胶体稳定性指数，但只有分子中存在烷烃链的再生剂能减小沥青质分子团聚体的尺寸[62]。Zadshir 的研究发现，生物再生剂中的酰胺基与沥青质分子间存在相互作用，增加了沥青质分子间的堆积距离，基于其之前的研究成果，Zadshir 更进一步提出，将老化的沥青质团聚体解除聚合，可作为一种有效的老化沥青再生手段[63, 64]。Pahlavan 使用密度泛函理论研究了生物再生剂解除沥青质聚合的机制，发现生物再生剂分子头部的极性官能团与尾部的脂肪族长链可以破坏环烷芳烃之间的 $\pi-\pi$ 相互作用，解除氧化沥青质的团聚，实现再生功能[65]。Liu 将老化沥青与 10% 的再生剂分子混合后发现，再生剂可以赋予大分子更高的活性，从而提高老化沥青和原样沥青的混合效率[66]。

1.2.3 再生剂国内外研究现状

再生剂的研究层出不穷，但是质量不一。大部分再生剂是以轻质芳烃油类为主要成分，通过补充老化沥青中化学成分的缺失，恢复其一定程度的流动性。但要应用于实际道路中，该类型再生剂在整体性能上还有待提高。根据已有研究，发现目前再生剂还存在高温性能不足、抗老化性较差等问题。

目前的大多数再生剂含有轻质组分，其相对分子质量（后简称分子量）小，易挥发，进一步严重影响了老化沥青的性能恢复。所以提高再生剂的抗老化性能至关重要。根据再生剂的性能要求，在基础油分中加入增塑剂、增黏树脂、抗氧化剂、光稳定剂和抗剥落剂能够提高再生剂与沥青的相容性、稳定性与抗老化性等性能[67, 68]。

Ziari 等人将金熊油、有机再生剂(WCO)分别用于含 50% RAP 沥青混合料中，以弹性模量、动态蠕变、间接拉伸疲劳研究混合料的抗老化性能。结果表明，再生剂类型对再生沥青混合料的抗老化性有很大影响；与含金熊油再生剂相比，使用有机再生剂(WCO)的沥青混合料更容易老化[69]。

欧阳自强等研究四种再生剂分别对不同老化程度老化沥青的温度敏感性、抗老化性的影响。结果表明，再生剂老化后，较低黏度的再生剂老化前后的质量损失与黏度比较大，较高的质量损失率严重影响再生沥青的高温稳定性[70, 71]。

张佳运对再生沥青的二次老化做了相关研究，对生物再生剂通过丁基苯二酚(TBHQ)进行复配制备。结果表明，复配再生剂能够显著改善再生沥青的抗老化性，同时可以抑制老化过程中脂肪醛的老化[72]。

在老化沥青中添加不同再生剂，研究其对沥青-集料的黏附性和水稳定性的影响，根据表面能理论计算沥青-集料的黏附功。相比基质沥青，老化沥青的表面能较小，导致了沥青与集料之间的黏附性变差，再生剂的掺入可以增大再生沥青的表面能，从而提高了沥青与集料之间的黏附功，同时降低剥落功的绝对值[73]。

1.3　研究内容

本书基于分子动力学模拟，提出沥青再生剂设计方法，优选再生剂组分制备再生沥青并对比芳烃油再生沥青和大豆油再生沥青进行性能验证，并借助微观表征手段对再生剂的再生机理进行分析。通过宏、微观试验研究再生沥青的黏度、高低温流变性能、蠕变恢复性能、抗疲劳性能及其 PG 等级以及再生过程中的作用机理。主要研究内容如下：

(1)沥青和再生剂分子结构表征与模型优化研究

选择目前使用较多且预测沥青热力学特性较为准确的四组分十二分子模型，建立老化沥青和基质沥青分子模型，通过四组分试验确定本书所用的基质沥青和老化沥青的组分分布，参照四组分含量优化十二分子比例，构建初始沥青模型；借助红外光谱测试识别生物油再生剂中的特征官能团，结合分子式等信息，构建生物油代表分子模型。在确定再生剂和沥青的初始构型后，对模型依次进行能量最小化和动力学优化，使模型达到稳定状态，并通过密度、溶解度参数、径向分布函数等参数验证本书所用模型的准确性。

（2）基于分子动力学再生沥青分子特性研究

构建再生沥青分子模型，采用沥青四组分分子的径向分布函数描述其空间分布情况，通过分析径向分布函数峰值点分布特征，选择合适的植物油作为再生剂的解团聚组分；计算再生沥青的弹性模量和剪切模量，参考模量计算结果选择合适的植物油作为再生剂的软化组分；通过建立沥青-集料界面模型，模拟不同沥青和集料之间的黏附行为，采用黏附功评价再生剂对老化沥青黏附性的改善效果，选择再生剂组分。

（3）再生沥青的制备和流变性能研究

采用动态剪切流变仪（DSR）对再生沥青试样进行温度扫描、频率扫描，通过其各试验的指标评价高温流变性；通过弯曲梁流变仪（bending beam rheometer，BBR）进行低温流变性能评价；借助 LAS 和 MSCR 试验评价老化后再生沥青的疲劳性能和高温应力蠕变性能；采用 RTFOT、PAV 对再生沥青进行老化模拟试验，通过流变性能评价指标（复数模量老化指数 CMAI、相位角老化指数 PMAI）与基质沥青做对比，评价再生沥青老化过程中的衰减程度；采用 UV 对再生沥青进行老化模拟实验，通过流变性能试验与基质沥青、再生沥青的抗紫外老化性能比较，评价再生沥青抗老化能力以及衰减程度；采用躺滴法分别测试基质沥青、不同老化程度老化沥青及以不同掺量桐油复合再生剂的再生沥青的接触角，基于表面自由能理论计算出沥青与集料之间的黏附功以评价再生沥青的黏附性。

（4）再生沥青的微观结构与机理分析

借助扫描电子显微镜分析再生前后老化沥青表面形貌的变化，同时结合红外光谱和凝胶渗透色谱技术，确定再生剂的再生机理，研究再生沥青宏观性能改善效果与微观结构变化之间的内在联系。

第 2 章　沥青和再生剂
分子模型建立与优化

沥青在宏观状态下表现出的热力学行为与其分子结构密不可分，作为原油开发过程中的副产物，沥青的成分十分复杂，包括数百万种不同的有机分子。因此，完全按照沥青的实际分子组成建立沥青模型相当困难，在建模时需要对沥青分子进行简化，一般使用占比较高的代表性分子建立模型，在减少所需计算资源的同时能够使分子模型的热力学性质与宏观状态下基本保持一致。

本章使用分子动力学方法，参考沥青的四组分测试结果与再生剂的红外光谱图像，借助 Materials Studio 软件构建沥青和再生剂分子模型，选择合适的分子力场和系统进行优化，并验证所得分子模型的准确性。

2.1　试验材料

2.1.1　基质沥青

选择湖南宝利沥青有限公司生产的扬子 70#A 级道路石油沥青作为基质沥青，其基本性能见表 2-1。

表 2-1　基质沥青技术指标

项目	结果	指标	试验方法
针入度(25 ℃，100 g，5 s)/0.1 mm	67.8	60~80	T0604—2011
15 ℃延度(5 cm/min)/cm	>100	>100	T0605—2011
10 ℃延度(5 cm/min)/cm	32.7	>20	T0605—2011
软化点/℃	48.3	≥46	T0606—2011
60 ℃动力黏度/(mPa·s)	296	>180	T0620—2011

2.1.2　老化沥青

采用室内模拟老化的方式制备老化沥青，参考《公路工程沥青及沥青混合料试验规程》(T 6030—2011)，使用旋转薄膜烘箱(RTFO)制备短期老化沥青[如图 2-1(a)所示]，以模拟沥青在施工拌和期发生的老化，老化温度为(163±0.5)℃，老化时间 85 min。使用压力老化容器(PAV)模拟沥青在服役过程中产生的长期老化[如图 2-1(b)所示]，压力设置为(2.1±0.1) MPa，温度为(100±0.5)℃。

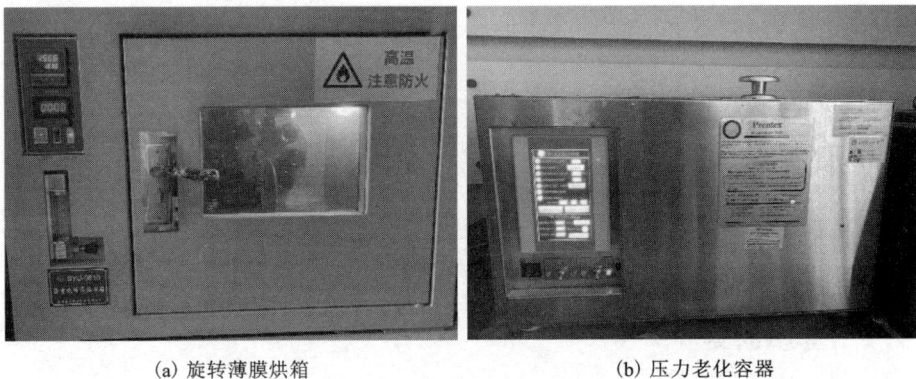

(a) 旋转薄膜烘箱　　　　　　　　(b) 压力老化容器

图 2-1　沥青室内老化仪器

2.1.3 再生剂

本书选择大豆油、腰果酚和妥尔油进行再生剂组合设计。其中大豆油是甘油三酯类再生剂中使用最多的油分之一；腰果酚已被证实具有分散并稳定正庚烷和正庚烷/甲苯混合溶液中沥青质分子的作用[74]；妥尔油作为造纸工业的副产物，能够分散沥青因老化形成的大分子团聚体[75]；为了比较生物油再生剂和石油再生剂再生能力的差异，同时选择芳烃油制备再生沥青进行对比。腰果酚由山东省某化工公司提供，腰果酚含量99%，主要成分分子式为 $C_{21}H_{36}O$；大豆油为天津某食品公司提供的非转基因大豆油，主要成分为脂肪酸；蒸馏妥尔油由山东省某化工公司提供，主要成分为脂肪酸(71%)和树脂酸(28%)，制备对照组使用的芳烃油由山东某石化公司提供，芳烃含量≥80%，再生剂外观如图 2-2 所示，四种再生剂的技术性能见表 2-2。

图 2-2 再生剂样品(从左至右依次为大豆油、蒸馏妥尔油、腰果酚和芳烃油)

表 2-2 再生剂技术性能

测试指标	腰果酚	大豆油	蒸馏妥尔油	芳烃油
60 ℃旋转黏度/(mPa·s)	65	71.3	113.8	565
密度/(g·cm^{-3})	0.95	0.92	0.93	1.06
RTFOT后质量损失/%	0.6	0.3	0.9	0.3
外观	棕红色	淡黄色	黄色	墨绿色

2.2　分子模型构建

2.2.1　沥青分子模型

　　Li 和 Greenfield 基于美国 SHRP 计划中的 AAA-1 型沥青，根据沥青成分中溶解度参数、分子大小和官能团，提出四组分十二分子沥青模型，并通过密度和热膨胀系数验证了所得模型的准确性[76]。本书参考上述十二分子沥青模型建立基质沥青分子模型，通过在沥青质、胶质和芳香分子的易氧化电位上添加氧原子，建立老化沥青十二分子沥青模型，各分子结构如图2-3、图2-4所示。

沥青质分子1　　　　　　　沥青质分子2　　　　　　　沥青质分子3
$C_{42}H_{54}O$　　　　　　　　$C_{66}H_{81}O$　　　　　　　　$C_{51}H_{62}S$

(a) 沥青质分子

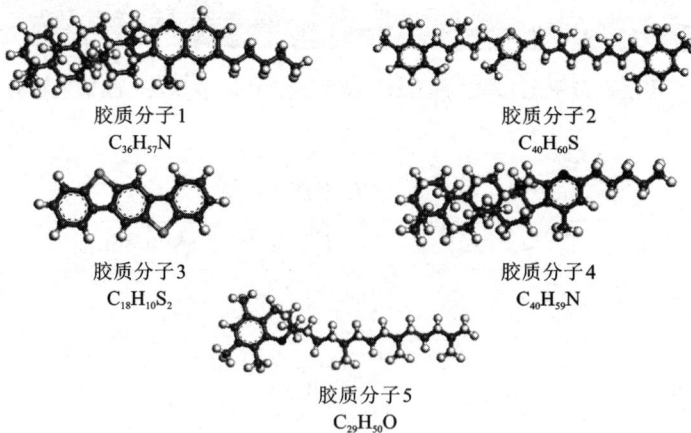

胶质分子1　　　　　　　　　　　　胶质分子2
$C_{36}H_{57}N$　　　　　　　　　　　　$C_{40}H_{60}S$

胶质分子3　　　　　　　　　　　　胶质分子4
$C_{18}H_{10}S_{2}$　　　　　　　　　　　　$C_{40}H_{59}N$

胶质分子5
$C_{29}H_{50}O$

(b) 胶质分子

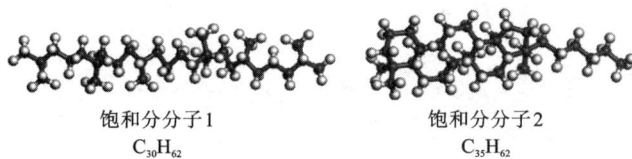

饱和分子1
$C_{30}H_{62}$

饱和分子2
$C_{35}H_{62}$

(c) 饱和分子

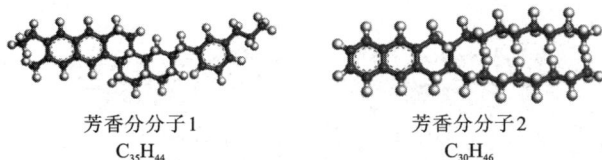

芳香分子1
$C_{35}H_{44}$

芳香分子2
$C_{30}H_{46}$

(d) 芳香分子

图 2-3　基质沥青十二分子模型[41]

沥青质分子1
$C_{42}H_{46}O_5$

沥青质分子2
$C_{66}H_{67}NO_7$

沥青质分子3
$C_{51}H_{54}O_5S$

(a) 沥青质分子

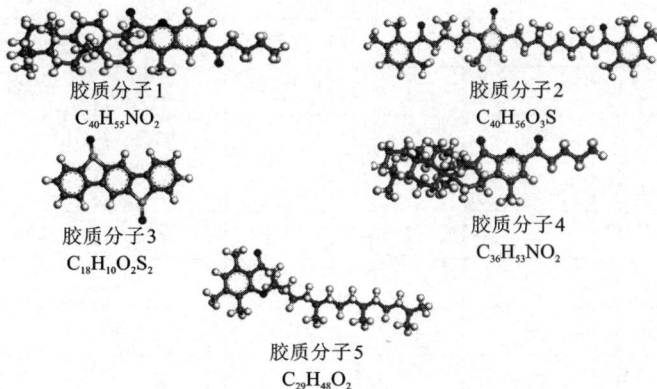

胶质分子1
$C_{40}H_{55}NO_2$

胶质分子2
$C_{40}H_{56}O_3S$

胶质分子3
$C_{18}H_{10}O_2S_2$

胶质分子4
$C_{36}H_{53}NO_2$

胶质分子5
$C_{29}H_{48}O_2$

(b) 胶质分子

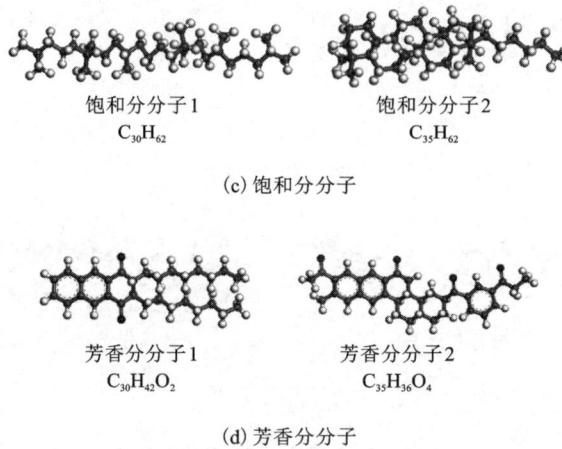

饱和分子1
$C_{30}H_{62}$

饱和分子2
$C_{35}H_{62}$

(c) 饱和分子

芳香分子1
$C_{30}H_{42}O_2$

芳香分子2
$C_{35}H_{36}O_4$

(d) 芳香分子

图 2-4　老化沥青十二分子模型

　　结合本书所用基质沥青和老化沥青四组分试验测试结果，计算了基质沥青和老化沥青模型中十二分子的数量，如表 2-3 所示。计算所得沥青四组分含量与试验值的误差不超过 2%，说明此时的沥青模型能较为准确地反映沥青内部成分的比例。

表 2-3　基质沥青与老化沥青模型分子数

沥青组分	分子	基质沥青			老化沥青		
		分子数量	质量占比/%	试验值	分子数量	质量占比/%	试验值
沥青质	分子1	3	11.78	11.9	3	18.39	18.19
	分子2	1			3		
	分子3	3			3		
胶质	分子1	2	22.54	22.13	1	29.32	29.56
	分子2	2			2		
	分子3	3			4		
	分子4	2			2		
	分子5	15			17		

续表2-3

沥青组分	分子	基质沥青			老化沥青		
		分子数量	质量占比/%	试验值	分子数量	质量占比/%	试验值
饱和分	分子1	10	39.91	39.82	9	19.62	19.31
	分子2	10			8		
芳香分	分子1	17	25.77	26.15	12	32.67	32.94
	分子2	20			15		

2.2.2　再生剂分子模型

为了获得再生剂分子的特征官能团，对腰果酚、蒸馏妥尔油和大豆油进行了傅立叶变换红外光谱（FTIR）测试，仪器型号为 Thermo Scientific Nicolet iS10，使用 ATR 测试方法，测试范围为 $500 \sim 4000 \ cm^{-1}$，扫描次数为 32 次。三种生物油再生剂的红外光谱如图 2-5 所示。在三种生物油再生剂红外光谱图中，均能

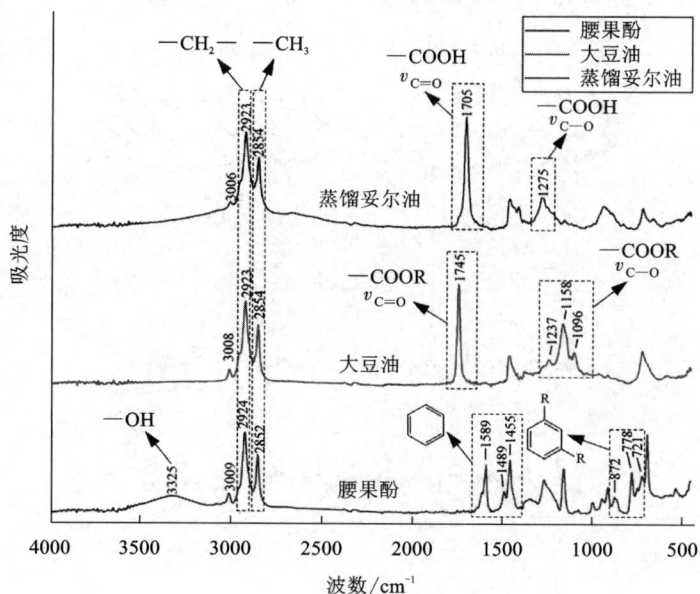

图 2-5　生物油再生剂红外光谱图

在 2923 cm^{-1}、2853 cm^{-1} 和 3006 cm^{-1} 附近观察到吸收峰，其中 2923 cm^{-1} 和 2853 cm^{-1} 附近吸收峰属于亚甲基和甲基的伸缩振动吸收峰，3006 cm^{-1} 附近为不饱和碳原子 C—H 伸缩振动。在腰果酚红外光谱图中，3325 cm^{-1} 处的宽峰属于缔合羟基的吸收峰，1589 cm^{-1}、1489 cm^{-1}、1455 cm^{-1} 处属于苯环骨架振动，1263 cm^{-1} 是 C—O 伸缩振动导致的，872 cm^{-1}、778 cm^{-1}、721 cm^{-1} 三处的吸收峰，可能是苯环上间二取代产生的，结合所有特征峰信息，推测腰果酚中存在苯环，苯环上连接有羟基和烃链，且羟基和烃链在苯环上取代位置属于间二取代，图 2-6(a) 为所绘腰果酚分子结构图。大豆油红外光谱中，1745 cm^{-1} 处为

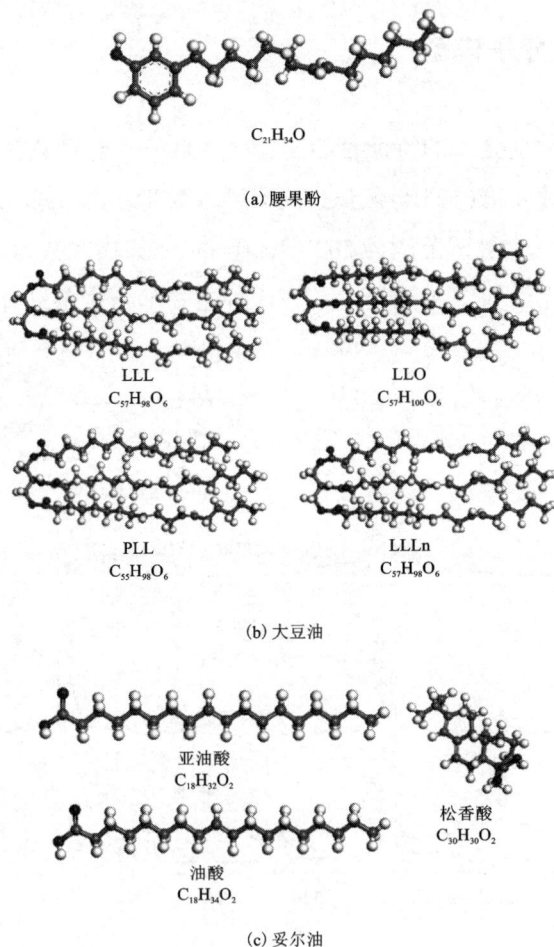

$C_{21}H_{34}O$

(a) 腰果酚

LLL
$C_{57}H_{98}O_6$

LLO
$C_{57}H_{100}O_6$

PLL
$C_{55}H_{98}O_6$

LLLn
$C_{57}H_{98}O_6$

(b) 大豆油

亚油酸
$C_{18}H_{32}O_2$

松香酸
$C_{30}H_{30}O_2$

油酸
$C_{18}H_{34}O_2$

(c) 妥尔油

图 2-6　生物油代表分子模型

酯基中的 C =O 伸缩振动, 1237 cm⁻¹、1158 cm⁻¹、1096 cm⁻¹ 处为 C—O 伸缩振动, 由红外光谱图可知, 大豆油中不存在羟基特征峰, 脂肪酸是以甘油三酯形式存在的, 不存在游离脂肪酸, 由于大豆油红外光谱无法识别脂肪酸的种类及比例, 参考龙伶俐等使用 HPLC/Q-TOF 方法对大豆油中甘油三酯组成特性的测试结果, 根据脂肪酸组成不同, 大豆油中甘油三酯主要为 LLL、LLO、PLL 和 LLLn[76], 所绘大豆油主要成分分子模型如图 2-6(b)所示。在蒸馏妥尔油红外光谱中, 1705 cm⁻¹ 处为羧基中 C =O 伸缩振动峰, 1275 cm⁻¹ 为羧基中 C—O 伸缩振动峰, 939 cm⁻¹ 为 O—H 振动吸收峰, 721 cm⁻¹ 处吸收峰是由长链亚甲基面内弯曲产生的, 和大豆油不同的是, 红外光谱图表明, 蒸馏妥尔油中不存在酯基, 且检测到了羟基的存在, 说明脂肪酸是以游离的形式存在的, 结合 Laima 等对蒸馏妥尔油成分的分析结果[77], 其代表分子结构如图 2-6(c)所示。

2.3 参数设置和模型优化

2.3.1 分子力场

在经典分子动力学计算过程中, 每个原子和分子的运动都遵循牛顿定律, 分子之间的相互作用是通过力场给分子施加对应的分子势实现的, 因此, 分子动力学计算结果的准确性很大程度上依赖于所选力场类型。目前用于沥青体系分子动力学计算的力场主要有 CVFF、COMPASS 和 ReaxFF 力场。根据本书研究的体系, 选择 COMPASS 力场进行结构计算, COMPASS 力场参数包括常见的有机物、无机小分子和聚合物, 能够较为准确地预测凝聚态分子的分子结构、振动频率、晶体结构和内聚能密度等性质。

2.3.2 系综

牛顿运动方程可以求解出系统的等能量面, 但是分子运动往往会受到外部环境(如温度、压强)的影响, 导致系统总能量不守恒。为了考虑实际物理场的影响，在分子动力学计算时需要选择对应的系综，这是一种通过微观状态下的统计平均值表述宏观运动状态的方法[78]。根据保持不变的状态变量(能量 E、焓 H、粒子数 N、压力 P、温度 T、体积 V)不同，可以生成不同的系综，用于动力学模拟中的系综主要有以下几种：

(1)微正则系综(NVE)，系统内能量和体积恒定，无须控制压强和温度，与外界不产生热交换，内部能量是守恒的，但由于积分过程中存在截断误差，能量会产生轻微的波动。

(2)正则系综(NVT)，系统温度和体积恒定，可以用于系统优化的初始阶段，需要选择对应的温度控制方法使系统维持在需要的温度范围内。本书进行NVT 动力学优化时选择 Nosé[79] 温度控制方法。

(3)恒压恒焓系综(NPH)，系统内部压力和焓恒定，适合用于研究固态相变。

(4)恒温恒压系综(NPT)，系统内压强和温度恒定，可以通过调整体积单元的大小调整压强。使用 NPT 系综可以获得较为准确的分子体积和密度。本书使用 Adersen[80] 方法调节系统的压强。

2.3.3　模型优化方法

根据沥青和再生剂中各分子数量，使用 Materials Studio 软件中 Amorphous Cell 模块将所选分子组合，建立初始密度为 0.1 g/cm³ 的无定型晶胞，然后使用 smart 算法，进行 20000 步的能量最小化处理，选择 Ewald 方法计算体系静电能，选择 Atom based 方法计算体系的范德华能，范德华能计算截断半径为15.5 Å。待能量收敛后在 NVT 系综下进行 200 ps 的动力学优化，将系统温度调整至 298 K，使随机分布在晶胞中的分子在范德华力和静电力的作用下聚集在一起；接着在 1 atm①、298 K 条件下进行 200 ps 的 NPT 动力学优化，压缩晶胞，使分子密度接近实际状态；最后对模型进行 2 ns 的 NVT 动力学优化，获得平衡状态下的结构。基质沥青与老化沥青分子模型如图 2-7 所示。

---

① 　1 atm = 1.01×10⁵ Pa。

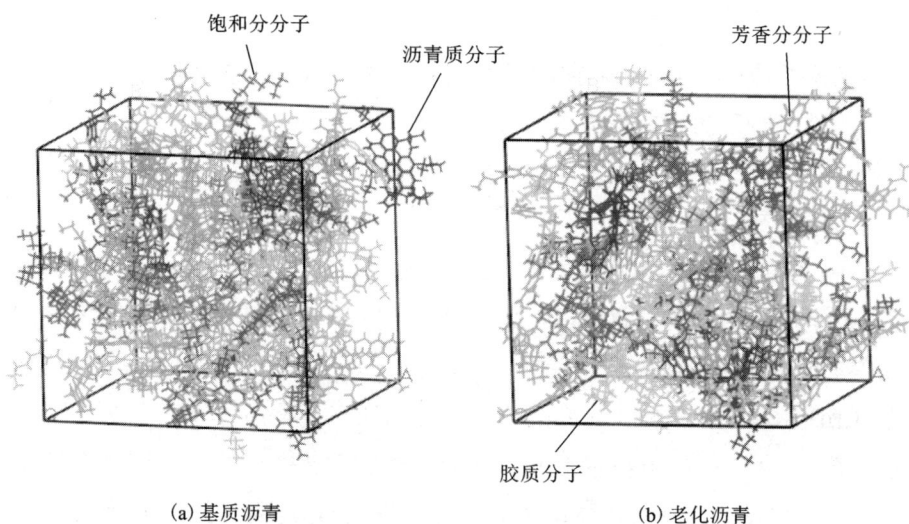

饱和分子　沥青质分子　　　　　　　　　　　芳香分子

胶质分子

(a) 基质沥青　　　　　　　　　　　　　　(b) 老化沥青

图 2-7　基质沥青与老化沥青分子模型

2.3.4　热力学参数验证

1. 密度

为了判断所用沥青模型和再生剂模型的准确性，提取 NPT 优化过程中最后 100 ps 的轨迹文件，计算了分子模型的平均密度，如表 2-4 所示。由表 2-4 可知，再生剂分子的密度计算值与实测值误差在 5% 以内，老化沥青与基质沥青分子模型的密度与实测值接近，可以认为沥青与再生剂模型合理。模型密度略小于实测值，可能是因为对分子模型施加温度场和压力场时，由于控温控压算法的限制，温度和压力是在设定值附近不断波动的，会导致密度和实测值不完全相同[81]。

表 2-4　分子模型密度与实测密度

测试指标	老化沥青	基质沥青	腰果酚	大豆油	妥尔油
$\rho_{calculated}/(\mathrm{g \cdot cm^{-3}})$	1.08	0.99	0.91	0.91	0.94
$\rho_{experimental}/(\mathrm{g \cdot cm^{-3}})$	1.07	1.03	0.95	0.92	0.93

2. 溶解度参数

溶解度参数(δ)可以用来预测两种材料的相容性,是表征简单液体分子间相互作用强度特征的重要参数[81],计算公式如下:

$$\delta = \sqrt{\text{CED}} = \sqrt{\frac{E_{\text{coh}}}{V}} \qquad (2-1)$$

式中,CED 是分子的内聚能密度,E_{coh} 是将体系内每摩尔分子彼此移动到无穷远处所需要的平均能量,V 是物质的摩尔体积。沥青和再生剂的内聚能密度和溶解度参数的计算结果如表 2-5 所示,CED_{vdw} 为内聚能密度的范德华作用分量,CED_{ele} 为内聚能密度的静电作用分量,沥青老化后,分子中引入了大量的氧原子,氧化分子的电荷量上升,分子极性变大,提高了分子间的范德华力和静电力。由溶解度参数计算结果 $\delta_{\text{calculated}}$ 可知:老化沥青和基质沥青分子模型的溶解度参数与试验值一致,有研究表明,两种物质溶解度参数之差在 1.3 至 2.1 范围内,相容性较好[82]。三种再生剂与老化沥青的溶解度参数之差最小为 0.15(腰果酚),最大为 1.85(大豆油),说明所用再生剂和老化沥青的相容性较好,均能用于沥青再生,其中和老化沥青相容性最好的为腰果酚,大豆油和老化沥青的相容性相对最差。表 2-5 为沥青和再生剂模型热力学参数计算结果。

表 2-5　沥青和再生剂模型热力学参数计算结果

测试指标	老化沥青	基质沥青	腰果酚	大豆油	妥尔油
CED/(10^8 J/m^3)	3.709	3.191	3.769	3.031	4.165
CED$_{\text{vdw}}$/(10^8 J/m^3)	3.411	3.101	3.059	2.900	3.009
CED$_{\text{ele}}$/(10^8 J/m^3)	0.206	0.006	0.635	0.054	1.078
$\delta_{\text{calculated}}$/[(J/cm^3)$^{1/2}$]	19.26	17.86	19.41	17.41	20.48
$\delta_{\text{experimental}}$/[(J/cm^3)$^{1/2}$]	13.3~22.5[83]	13.3~22.5[83]	—	—	—

2.3.5　再生沥青分子建模

前文已经验证了所选沥青和再生剂模型的准确性,可以用于建立再生沥青分子模型,在分子动力学计算过程中,由于计算模型大小的限制,将再生沥青模型中再生剂分子的掺量设置为老化沥青质量的12%。建立再生沥青分子模型时,为了使再生剂分子和老化沥青分子的混合过程更接近实际状态,选择优化完成的老化沥青和再生剂分子模型,移入初始密度为 0.1 g/cm³ 的晶胞中,随后进行几何优化、NVT 动力学优化和 NPT 动力学优化,参数和计算步长设置如 2.3.3 节所述,待分子体积接近至实际状态后,进行 2 ns 的 NVT 动力学优化,让再生剂分子和老化沥青分子充分混合,得到再生沥青模型。分子数的计算结果与验证如表 2-6 所示。

表 2-6　分子数的计算结果与验证

再生剂	分子		计算结果			试验结果			与老化沥青的质量比/%
			$w_C/\%$	$w_H/\%$	$w_O/\%$	$w_C/\%$	$w_H/\%$	$w_O/\%$	
大豆油	LLLn	1	77.78	11.22	11.00	77.28	10.85	11.27	11.10
	PLL	1							
	LLO	1							
	LLL	2							
蒸馏妥尔油	油酸	5	77.78	11.11	11.11	76.66	10.58	12.44	10.99
	亚油酸	5							
	松香酸	5							
腰果酚	腰果酚	14	83.44	11.26	5.30	82.85	9.94	6.51	10.75

2.3.6　分子结构验证

使用径向分布函数(RDF)表征沥青分子的有序性,其物理意义为距某粒子 r 处所研究粒子的局部密度和系统整体密度的比值,计算方法如式(2-2)所示。

$$g(r) = \frac{\mathrm{d}N}{\rho 4\pi r^2 \mathrm{d}r} \tag{2-2}$$

式中, N 为分子内粒子总数, ρ 为分子密度。RDF 图中, 横坐标 r 为粒子之间的距离, 纵坐标 $g(r)$ 值越大, 说明粒子在此处的聚集概率越高, 由于沥青属于非晶态聚合物, 分子整体表现为近程有序、远程无序的状态, 因此在距离较小的位置处存在明显的峰值, 随着距离的提高, $g(r)$ 会逐渐趋近于 1。

选择 NVT 优化过程中最后 500 ps 的轨迹文件计算了老化沥青和基质沥青中沥青质分子质心的 RDF, 如图 2-8 所示, 沥青质是沥青中极性最高的组分, 在范德华力和静电力作用下, 沥青质分子会相互吸引形成团聚体, 因此在老化沥青和原样沥青 RDF 图中均能观察到 6 Å 附近存在由沥青质分子聚集形成的峰, 此外, 由于氧化沥青质分子存在羰基, 增强了沥青质分子之间的相互作用, 使得老化沥青质分子的堆积行为比基质沥青质分子更显著, 具体在 RDF 图中表现为 $g(r)$ 值增大且堆积距离降低。已有研究表明, 老化沥青质 RDF 图中, 5 Å 附近的峰是沥青质之间平行堆积(π-π 相互作用)产生的, 7 Å 附近的峰是沥青质之间 T 形堆积(π-σ 相互作用)产生的[62]。本书老化沥青 RDF 峰值点分别位于 5.48 Å 和 6.78 Å, 和上述结论基本一致, 说明本书在动力学优化时

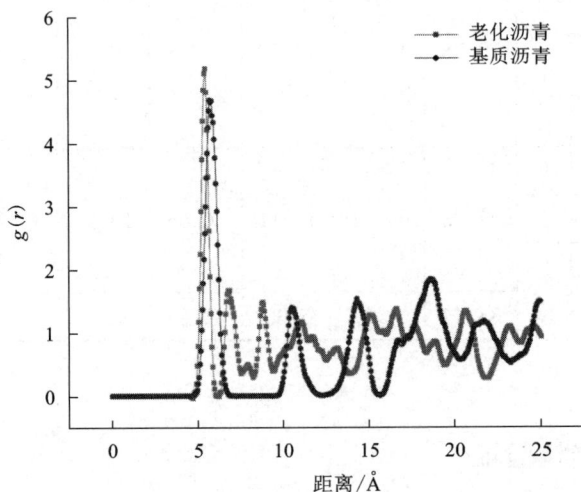

图 2-8　基质沥青与老化沥青中沥青质 RDF 图

选择的时间尺度能够使沥青质分子充分接触形成团聚体，此时沥青分子内部达到了稳定状态，结构可以用于后续分析计算。

2.4　本章小结

本章主要通过对原材料进行微观分析试验获取分子建模参数，建立分子模型并进行模型验证，主要结论如下：

（1）使用旋转薄膜烘箱和压力老化容器制得长期老化沥青，对基质沥青和老化沥青进行四组分分析，参考四组分含量确定了沥青模型中各分子的数量。

（2）对腰果酚、蒸馏妥尔油、大豆油进行了 FTIR 分析，结果显示蒸馏妥尔油和大豆油中的脂肪酸分别以游离和甘油三酯的形式存在，参考再生剂特征官能团分析结果，绘制了三种生物油再生剂的代表分子模型。

（3）选择代表分子建立并优化了沥青和再生剂分子模型，老化、再生沥青的密度均在合理范围内，再生剂分子模型的密度和实测值的误差在 5% 以内，所用模型合理。

（4）使用沥青质分子的 RDF 图进一步判断模型是否平衡，RDF 图显示沥青老化后沥青质分子极性增强，内聚能密度上升，使其更容易团聚，通过与相关文献结论进行对比分析，发现本书所用老化沥青模型中沥青质团聚行为与已有研究基本一致，模型能够准确反映沥青内部分子的空间分布状态。

第 3 章 生物油再生剂与再生沥青性能

3.1 生物油再生剂对老化沥青分子结构的影响

沥青的热氧老化往往会导致轻组分挥发和分子氧化，前文 RDF 分析结果表明，分子氧化会加剧沥青质等大分子的团聚行为，提高大分子含量。在线性黏弹性区域内，沥青材料的流变性能与沥青的分子量分布密切相关[82,83]。因此，要实现老化沥青的有效再生，所用的再生剂需要在补充轻组分的同时，通过化学反应或物理相互作用，解除沥青质分子的团聚，恢复老化沥青的分子量分布。本章使用分子动力学方法，对三种生物油再生剂对老化沥青分子结构的影响进行了研究，并计算了不同再生剂对老化沥青分子软化效果的差异，同时分析了再生剂对老化沥青-集料之间黏附性的影响机理，最后通过以上分析结果，选择再生剂组分[84]。

3.1.1 沥青质分子空间分布

胶体理论将沥青中的组分分为分散相和分散介质，认为沥青是以沥青质为分散相，饱和分和芳香分为分散介质的胶团结构，RDF 可以用来描述某位置处粒子出现的相对概率，是理解分子的分散和聚集行为的有力工具。图 3-1 为不同种类沥青四组分空间分布情况。

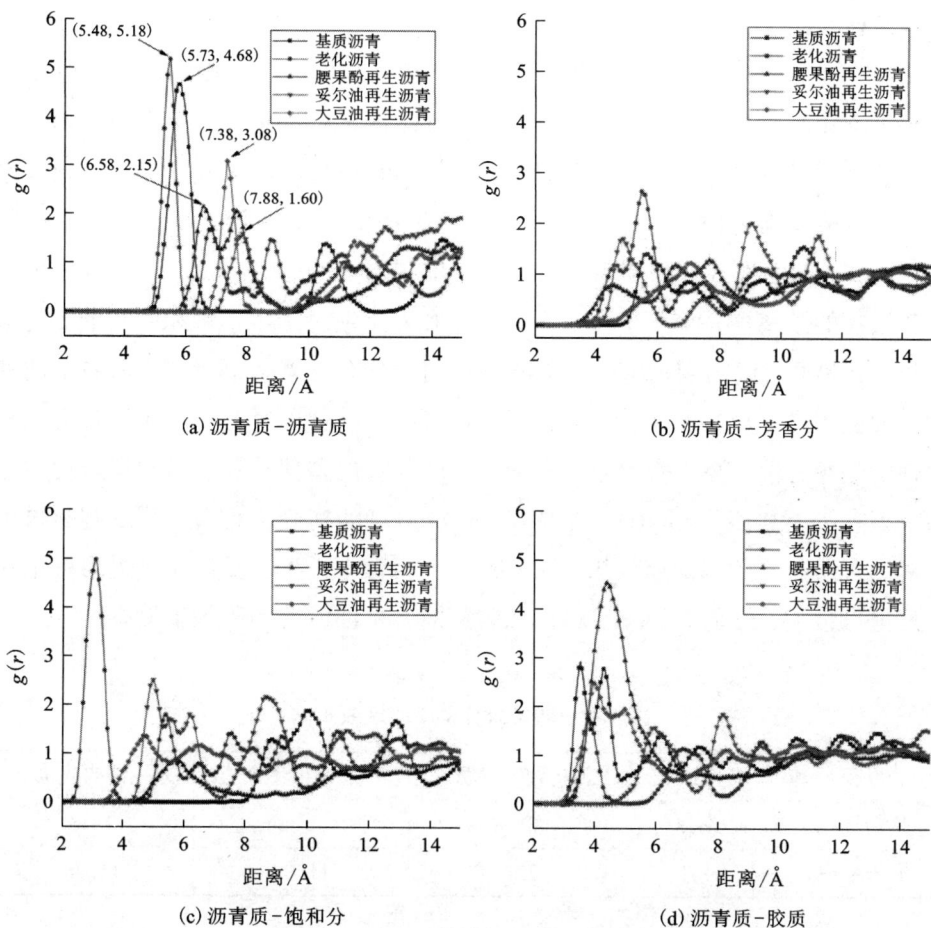

图 3-1　不同种类沥青四组分空间分布

由图 3-1 可知，基质沥青中，沥青质-胶质分子相互作用距离为 3.5 Å，沥青质-芳香分、沥青质-饱和分相互作用距离分别为 5.6 Å 和 8.8 Å，胶质分子与沥青质分子之间的相互作用可能与二者之间的高极性有关，分子之间的高极性会产生更强的相互作用，使胶质分子吸附在沥青质分子周围，在基质沥青中，形成了以高极性分子为核心、低极性分子为分散相的胶团结构，与沥青的胶体理论一致。沥青老化后，沥青质-胶质之间的距离增大，因为老化会降低沥青质分子和胶质分子之间的相容性，使组分之间产生相分离[66]。此外，添加再生剂可以减小老化沥青中沥青质-胶质分子之间的距离，恢复再生沥青中沥青的胶体结构。

由2.3.6节分析可知，老化沥青中沥青质-沥青质RDF图前两个峰分别属于平行堆积和T形堆积，添加再生剂后，沥青质分子RDF图中平行堆积峰和T形堆积峰往后移，说明三种再生剂均能增加沥青质之间的堆积距离，起到解除沥青质分子团聚的作用。表3-1列出了所有RDF图中平行堆积和T形堆积的堆积距离，其中加入腰果酚后沥青中平行堆积增加的距离(1.1 Å)基本与T形堆积增加的距离(0.95 Å)相似，而大豆油和妥尔油对于T形堆积距离的提升远大于平行堆积，说明腰果酚分子能够更均匀地分布在老化沥青中，而妥尔油和大豆油更倾向于分布在T形堆积附近，这可能与三种再生剂和老化沥青之间相容性的差异有关，腰果酚和老化沥青溶解度参数的差值最小，因此得以均匀分布在老化沥青中。通过RDF图中第一个峰值点的横坐标位置，可以判断再生剂对沥青质分子的解团聚效果，在三种再生沥青中，蒸馏妥尔油再生沥青第一个峰值点最大，位于7.88 Å，可以认为蒸馏妥尔油的解团聚效果最好。

表3-1　沥青质分子质心堆积距离　　　　　　　　　　　单位：Å

质心堆积距离	老化沥青	腰果酚再生沥青	妥尔油再生沥青	大豆油再生沥青
平行堆积	5.48	6.58	7.88	7.38
T形堆积	6.78	7.73	11.08	11.48

图3-2为蒸馏妥尔油和沥青质二聚体相互作用示意图，由图3-2(b)可知，蒸馏妥尔油中的油酸分子在靠近沥青质分子后，油酸分子中羧基上的氢原子会与沥青质分子中羰基上的氧原子形成氢键，沥青质和再生剂之间的氢键作用会导致沥青质二聚体中的分子发生移动，从而将沥青质分子质心之间的距离由9.299 Å提高至11.058 Å。除了氢键作用之外，油酸分子尾部的烃链还会与沥青质中的苯环产生CH-π作用，如图3-2(d)所示，在CH-π相互作用下，油酸分子会进入沥青质二聚体中，干扰沥青质分子稠环芳烃之间的π-π相互作用，油酸分子尾部的烃链会取代二聚体中的沥青质分子吸附在苯环表面，将沥青质

之间的堆积距离由 8.074 Å 提高至 11.205 Å, 在 Farideh 等的研究中也发现生物再生剂分子的烃链结构有助于提高沥青质分子的堆积距离[85]。有学者结合分子动力学模拟和流变性能试验结果, 发现在分子模型中能够解除沥青质团聚的再生剂往往具有更好的流变性能恢复效果, 认为这种解团聚作用可以用来判断再生剂是否能实现老化沥青真正的"再生"[86]。

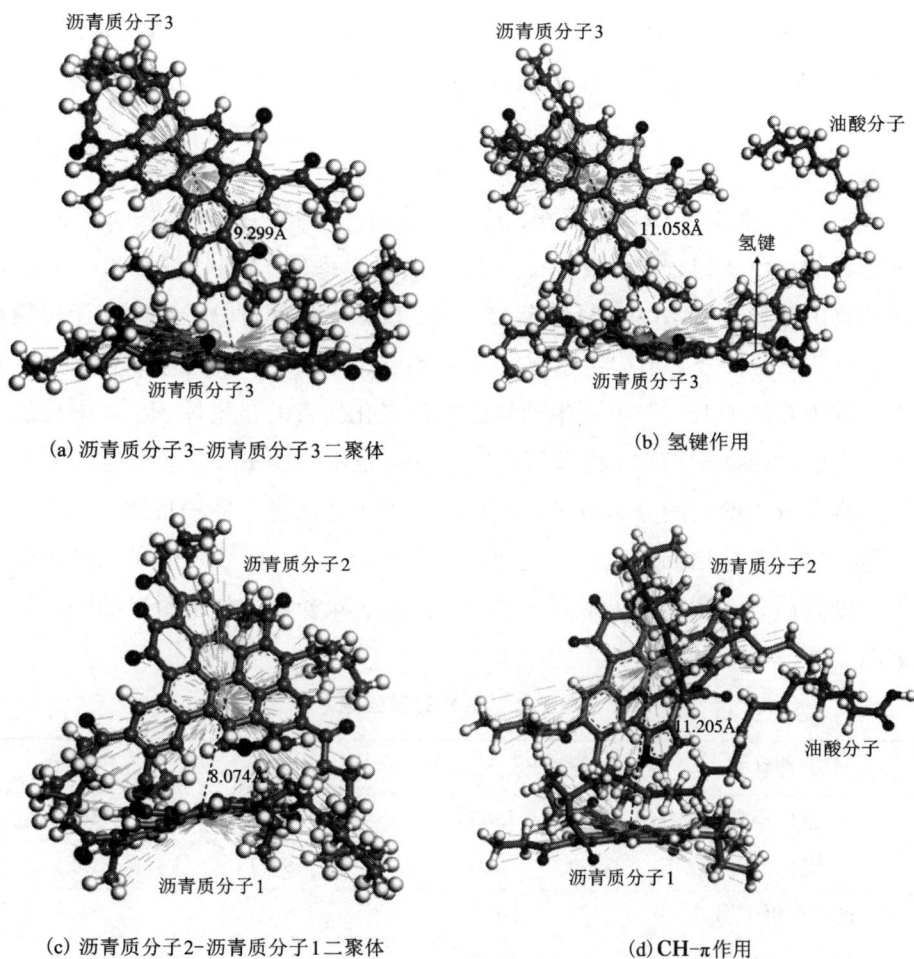

(a) 沥青质分子 3-沥青质分子 3 二聚体

(b) 氢键作用

(c) 沥青质分子 2-沥青质分子 1 二聚体

(d) CH-π 作用

图 3-2　蒸馏妥尔油和沥青质二聚体相互作用示意图

3.1.2 自由体积分析

对于液体或固体物质，其体积可分为两部分：一部分是分子占据的体积；另一部分是未被占据的自由体积，正是由于自由体积的存在，分子链才可能发生运动。自由体积是影响沥青分子玻璃化转变温度和扩散行为的主要原因，本书使用 Connlly 表面[87]计算分子的自由体积，分子探针半径为 1 Å，使用自由体积分数(FVV)描述自由体积在分子总体积中的贡献，如式(3-1)所示。

$$FVV = \frac{V_{free}}{V_{free} + V_{occupied}} \tag{3-1}$$

式中，V_{free} 为分子中自由体积，$V_{occupied}$ 为分子中被占据的体积。图 3-3 为不同沥青的自由体积分布，表 3-2 为所有沥青模型的 FVV 计算结果。老化后沥青的自由体积比由 16.7% 降低至 15.5%，说明老化沥青分子更倾向于聚集在一起，使老化沥青分子结构比原样沥青更致密，降低了分子可运动范围，在宏观上表现为黏度上升。三种再生剂均能提高老化沥青的自由体积，其中妥尔油再生沥青的自由体积最大，腰果酚再生沥青的自由体积最小，这可能与前文分析的沥青质分子的空间分布有关：沥青质分子作为沥青中体积最大的成分，形成二聚体之后会导致沥青质分子之间的自由体积变小，而妥尔油是三种再生剂中解除沥青质分子团聚效果最好的油分，其在解除沥青质分子团聚的同时增大了 FVV。

表 3-2 FVV 计算结果

沥青种类	$V_{occupied}$/Å³	V_{free}/Å³	FVV/%
基质沥青	53635	10764	16.7
老化沥青	50107	9221	15.5
腰果酚再生沥青	57366	10738	15.8
妥尔油再生沥青	56275	11824	17.3
大豆油再生沥青	56618	11357	16.7

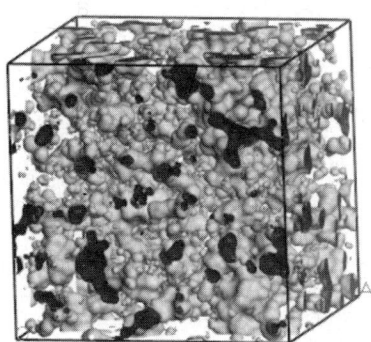

(a) 基质沥青

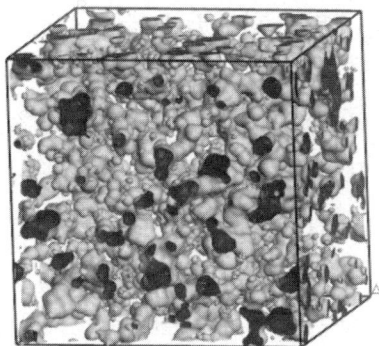

(b) 老化沥青

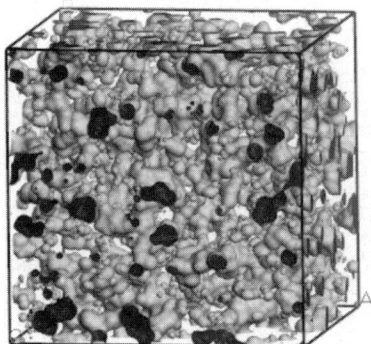

(c) 腰果酚再生沥青

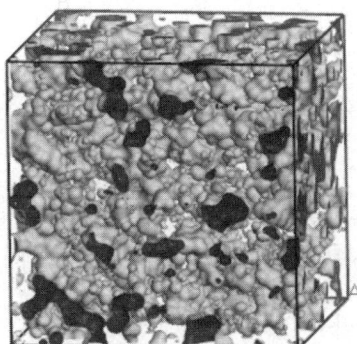

(d) 妥尔油再生沥青

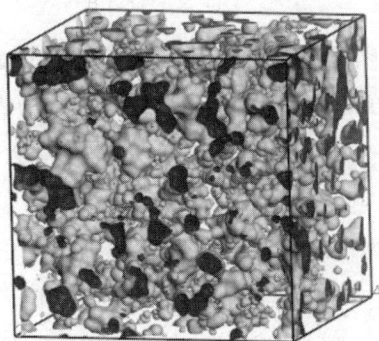

(e) 大豆油再生沥青

(蓝色部分内部为分子占据体积，灰色面为 Connlly 表面，透明部分为自由体积)

图 3-3　沥青自由体积分布

3.1.3 再生沥青力学性能分析

老化会导致沥青材料变硬、发脆，要评价再生剂对老化沥青的恢复效果，除要对再生沥青的分子结构变化进行分析之外，还需要参考再生后沥青力学性能产生的变化，判断所用沥青再生剂的可行性。

本节使用分子动力学方法计算沥青的杨氏模量与剪切模量，计算时假设沥青为各向同性材料，其刚度矩阵如式（3-2）所示：

$$
\begin{bmatrix}
\lambda+2\mu & \lambda & \lambda & 0 & 0 & 0 \\
\lambda & \lambda+2\mu & \lambda & 0 & 0 & 0 \\
\lambda & \lambda & \lambda+2\mu & 0 & 0 & 0 \\
0 & 0 & 0 & \mu & 0 & 0 \\
0 & 0 & 0 & 0 & \mu & 0 \\
0 & 0 & 0 & 0 & 0 & \mu
\end{bmatrix}
\tag{3-2}
$$

式中，λ 和 μ 为拉梅常量。分子的杨氏模量 E 可以用于评价沥青材料的刚度，剪切模量 G 表征了材料抵抗剪切应变的能力，杨氏模量和剪切模量分别可用式（3-3）和式（3-4）计算：

$$
E=\mu\frac{3\lambda+2\mu}{\lambda+\mu}
\tag{3-3}
$$

$$
G=\mu
\tag{3-4}
$$

采用恒定应变模式计算沥青分子的力学性能，选择最后 2 ns NVT 优化过程中 1 ns、1.5 ns 和 2 ns 的三个分子结构计算分子的杨氏模量和剪切模量。参考 Yao 等进行的工作[88]，分子最大应变设置为 0.015，25 ℃条件下模量计算结果如图 3-4 所示。老化过程会增加沥青中大分子数量，提高分子极性，增强分子间作用力，使老化沥青表现出远高于基质沥青的杨氏模量和剪切模量。加入三种再生剂后，杨氏模量和剪切模量均有不同程度的降低，说明老化沥青的力学性能得到了恢复。Masoori 等的研究表明，小分子含量高的沥青分子模量更小[89]。在三种再生剂中，可能因为大豆油的平均相对分子质量（875）远大于腰果酚（302）和蒸馏妥尔油（288），腰果酚和蒸馏妥尔油对老化沥青的稀释作用更明显，使得大豆油对老化沥青的软化效果较弱。至于腰果酚再生沥青和蒸馏妥尔油再生沥青模量之间的差异，这可能是因为在两种再生剂分子中，酚基的极性小于蒸馏妥尔油中羧基的极性所导致的，在分子结构相似的情况下，极性大的分子拥有更强的分子间作用力，其分子强度更高。

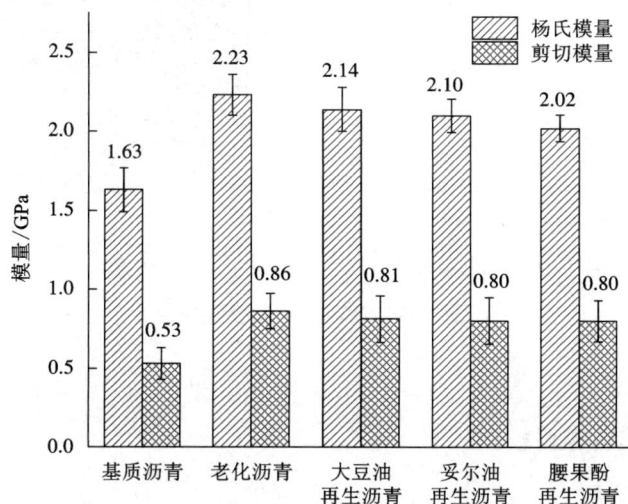

图 3-4　杨氏模量和剪切模量计算结果

3.1.4　再生沥青-集料界面特性

1.集料层模型

本节使用 α-石英作为代表性分子建立集料模型，通过计算界面能等参数分析再生剂对老化沥青-集料之间黏附性的影响。首先在 Materials Studio 中导入 α-石英晶胞，使用 Cleave Surface 工具沿米勒指数(0　0　1)面切割，获得接近自然状态下的暴露面，然后参照沥青分子的尺寸，将切面后的集料细胞扩建为 39 Å×37 Å 大小，使集料尺寸与沥青分子尺寸匹配，最后在矿物表面添加厚度为 0 Å 的真空层，将二维周期性结构变为三维周期性结构，集料分子建模过程如图 3-5 所示。

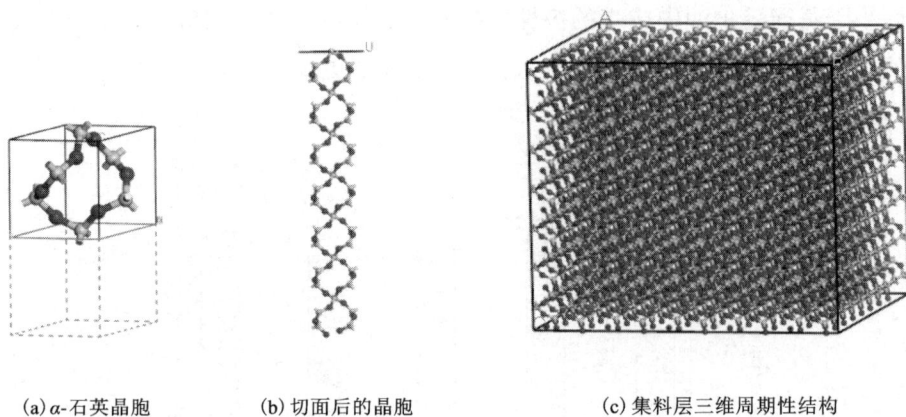

(a) α-石英晶胞　　　　(b) 切面后的晶胞　　　　(c) 集料层三维周期性结构

图 3-5　集料分子建模过程

2. 沥青-集料界面模型

将前文优化完成的沥青分子与集料分子使用 Build Layers 工具进行组合，此时界面模型是三维周期性结构，在进行界面相互作用分析时，为了避免 z 方向分子的周期性对沥青的黏附过程产生影响，需要在沥青层顶部添加足够厚的真空层，尽可能减小 z 方向上周期性晶胞底部的分子对沥青层的静电和范德华相互作用。界面模型建立完成后，需要进行 20000 步的几何优化，使体系能量最小化；然后在 298 K、1 atm 条件下进行 200 ps 的 NVT 动力学优化，使沥青和集料产生黏附，基质沥青-集料界面模型如图 3-6 所示。

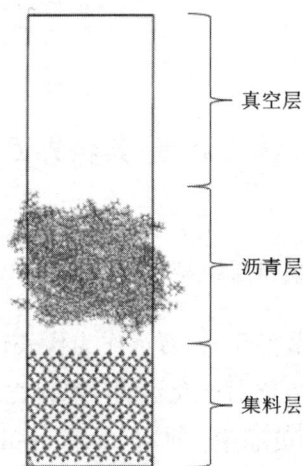

真空层

沥青层

集料层

图 3-6　基质沥青-集料界面模型

3. 集料表面沥青组分分布

干燥条件下集料表面沥青组分和再生剂的相对浓度分布曲线如图 3-7 所示,

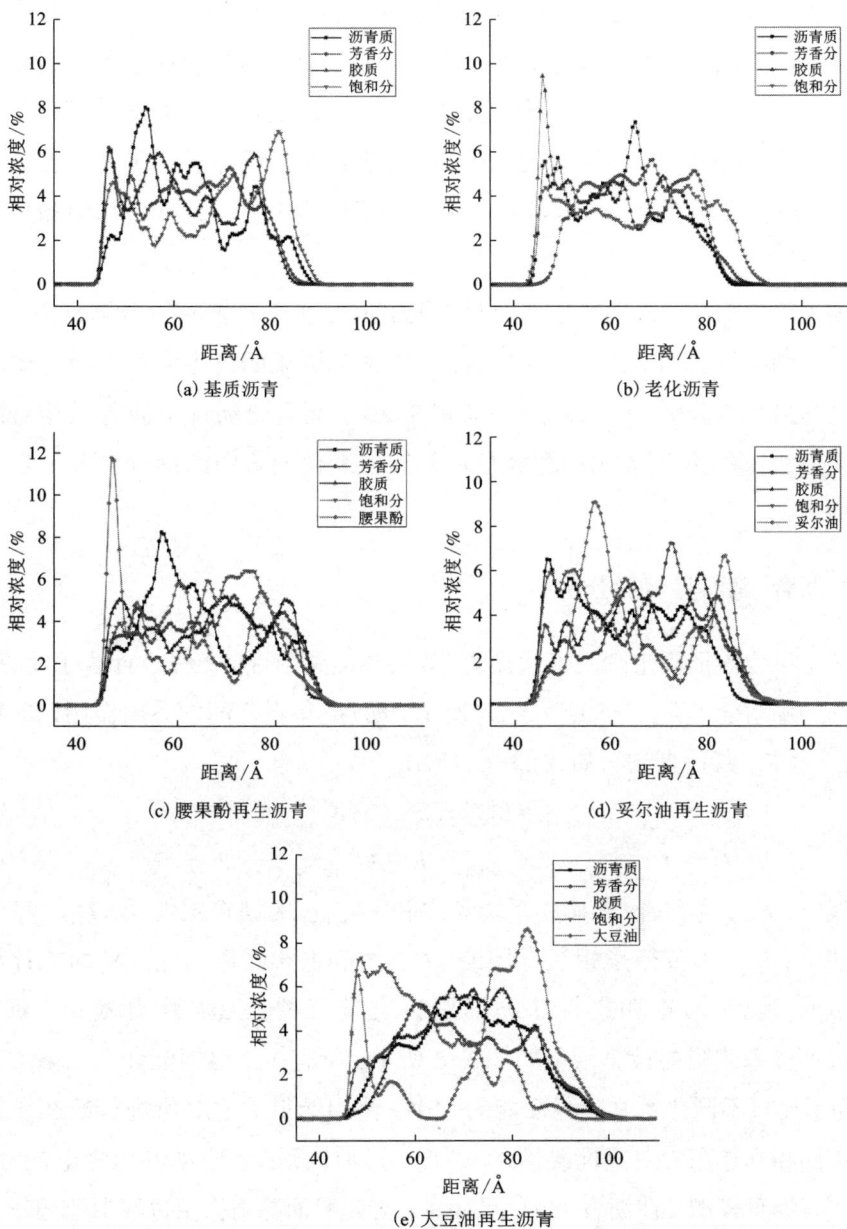

(a) 基质沥青

(b) 老化沥青

(c) 腰果酚再生沥青

(d) 妥尔油再生沥青

(e) 大豆油再生沥青

图 3-7　干燥条件下集料表面沥青组分和再生剂的相对浓度分布曲线

基质沥青中胶质和芳香分分子在集料表面处浓度最高,其相对浓度分别为6.21%和6.03%。有研究表明,极性组分更倾向于吸附在集料表面[90]。沥青质是沥青中极性最强的组分,而沥青质的相对浓度峰并未出现在集料表面位置,可能是因为沥青质分子中具有稠环芳烃结构,分子中存在支链,分子运动时受到的阻力大,分子扩散速率慢导致的。胶质具有极性,且分子量远小于沥青质分子,分子扩散速率快,所以能够聚集在集料表面。沥青老化后,分子极性提高,和集料的相互作用增强,更多的胶质和沥青质分子替代了芳香分和饱和分,吸附在集料表面,使集料表面极性分子浓度上升,芳香分和饱和分分子浓度下降。

加入再生剂后,再生剂分子抑制了极性成分在集料表面的聚集行为,降低了沥青质和胶质的相对浓度,妥尔油、大豆油和腰果酚再生沥青中沥青质的相对浓度峰最大值分别为4.8%、5.5%和8.2%,而老化沥青中沥青质相对浓度峰最大为7.3%,说明妥尔油和大豆油能够使老化沥青中的沥青质分子空间分布更均匀。

4. 沥青-集料界面能分析

为了量化表征再生剂对老化沥青-集料界面黏附性的影响,计算了沥青-集料之间的黏附能 E_{adhesion},如式(3-5)所示,沥青-集料之间的界面作用以非键能 $E_{\text{non-bond}}$ 为主,其计算方法如式(3-6)所示。

$$E_{\text{adhesion}} = E_{\text{total}} - (E_{\text{asphalt}} + E_{\text{aggregate}}) \tag{3-5}$$

$$E_{\text{non-bond}} = E_{\text{vdw}} + E_{\text{ele}} \tag{3-6}$$

式中,E_{total} 为沥青-界面体系能量之和,E_{asphalt} 为沥青层能量,$E_{\text{aggregate}}$ 为集料层能量;E_{vdw} 为范德华相互作用能,E_{ele} 为静电相互作用能。界面能计算结果为负值,说明沥青和集料的黏附是自发进行的,无须外力做功。沥青-SiO_2 界面体系黏附能计算结果如图3-8所示,所有体系界面能计算结果均为负值,为了比较不同体系之间界面能的大小,使用能量的绝对值进行绘图。为了分析不同相互作用力对界面黏附的贡献,分别计算了范德华能和静电能分量。对于所有沥青模型,在沥青-SiO_2 界面中,产生界面黏附作用过程中范德华力占主导地位,可能是因为 SiO_2 表面所带电荷较少,静电力对沥青-SiO_2 之间相互作

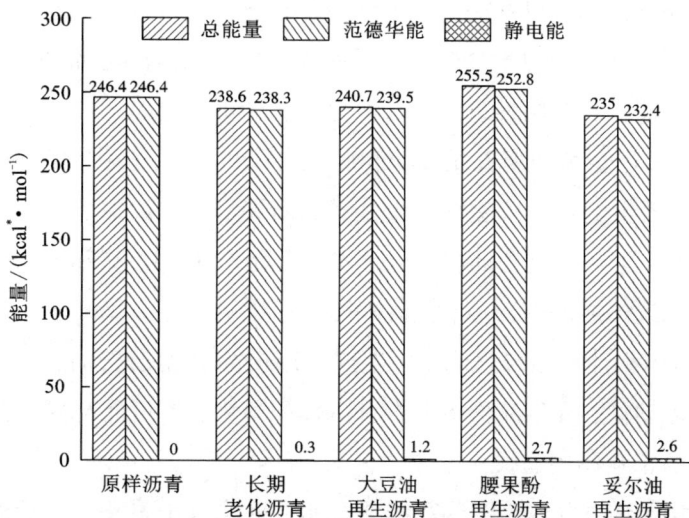

图 3-8　沥青-SiO₂ 界面体系黏附能计算结果

用的贡献很小。老化后，沥青和集料之间的范德华能降低了 7.89 kcal*/mol，破坏了沥青的黏附性。三种再生剂均可以提高沥青和集料之间的静电相互作用，但再生剂对总体黏附能的影响存在差异：大豆油使老化沥青的黏附能提高了 0.9%；腰果酚使老化沥青的黏附能提高了 7%，优于原样沥青；而妥尔油对老化沥青的黏附性有负面影响，使老化沥青的黏附能降低了 1.4%。

　　表面能理论认为沥青和集料之间的黏附作用是通过沥青润湿集料表面形成的，通常沥青中极性较小、扩散速率快的组分更容易润湿集料表面，因此，沥青各组分在集料表面的分布是影响其黏附性的主要原因。饱和分和芳香分与矿物表面的接触角小，可以充分润湿矿物表面，提高黏附性[49]。由 3.1.4 节矿物表面沥青组分分布情况可知，沥青老化后轻组分减小，导致矿物表面的饱和分和芳香分分子相对浓度降低，使得沥青对集料的润湿作用减弱，降低了沥青的黏附性。在大豆油和腰果酚再生沥青中，再生剂分子会聚集在集料表面，替代一部分极性分子(沥青质和胶质)起到润湿作用，增强了界面黏附性，恢复老化

---

　　* 1 kcal = 4.1868 kJ。

过程对沥青黏附性产生的负面影响，在 Matolia 等的研究中也发现以甘油三酯为主要成分的植物油可以在一定程度上恢复老化沥青的表面能参数[91]。

本小节通过分子动力学分析方法对沥青各组分的空间分布和扩散情况、再生沥青的力学性能和黏附性进行了计算分析，主要结论如下：

（1）老化过程会削弱沥青质分子和胶质分子的相互作用，促进沥青质分子的团聚；三种再生剂均能解除沥青质分子的团聚，其中效果最好的为蒸馏妥尔油，蒸馏妥尔油主要通过和沥青质分子不同点位产生 CH-π 和 π-π 相互作用，增大沥青质二聚体之间的距离，实现解团聚作用。

（2）自由体积计算结果表明，再生剂可以提高老化沥青的自由体积，恢复老化沥青的流动性，妥尔油再生沥青自由体积最大，这可能与妥尔油和沥青质大分子之间的相互作用有关。

（3）再生沥青的力学性能计算结果显示，平均分子量小、分子极性低的腰果酚分子对老化沥青的软化效果更好。

（4）沥青-SiO_2 界面黏附模型表明，老化沥青集料表面的极性分子浓度高于原样沥青，再生剂可以抑制极性成分在集料表面的聚集行为，降低沥青质和胶质在集料表面的相对浓度；沥青-SiO_2 的黏附性可能与集料表面轻组分含量有关，再生剂通过影响沥青四组分之间的相互作用改变了集料表面组分的分布，集料表面轻组分含量高的沥青往往表现出更好的黏附性能，其中腰果酚再生沥青的黏附性最好。

（5）结合上述再生剂对老化沥青分子结构和性能的作用规律，在本书所用三种再生剂中，选择蒸馏妥尔油作为老化沥青的分子结构恢复组分，选择腰果酚作为性能恢复组分，设计沥青再生剂，进行宏观试验验证其性能。

3.2 生物油再生沥青制备与路用性能研究

本书选择蒸馏妥尔油和腰果酚混合制备不同成分比例的沥青再生剂和对应的再生沥青，通过三大指标试验确定了再生剂的配比与最佳掺量，并通过动态剪切流变仪（DSR）和弯曲梁流变试验（BBR）对比分析自制再生剂、大豆油和芳烃油对老化沥青流变特性和疲劳性能的改善效果，借助 MSCR 和 LAS 试验评价老化后再生沥青的疲劳性能和高温应力蠕变性能。

3.2.1　组分与掺量优化研究

1. 再生沥青制备

首先使用剪切乳化仪将再生剂的分子结构恢复组分（蒸馏妥尔油）和性能恢复组分（腰果酚）在室温下以 1000 r/min 的转速混合 5 min，得到复合再生剂；然后在 3000 r/min，135 ℃ 条件下将再生剂加入熔融的老化沥青中剪切混合 20 min，制得再生沥青。

2. 再生剂组分配比

为确定腰果酚和蒸馏妥尔油配比，在再生剂掺量为老化沥青质量的 8% 条件下，制备了不同组分比例的再生剂和对应的再生沥青，再生沥青的基本性能如图 3-9 所示，横坐标为再生剂中蒸馏妥尔油的质量比。在蒸馏妥尔油含量为再生剂的 10% 情况下，制得的再生沥青软化点、针入度和延度分别为 45 ℃、10.3 mm 和 1700 mm，当蒸馏妥尔油含量由 10% 提高至 30%、50%、70%、90% 时，再生沥青的软化点分别提高了 0.4%、2%、4.2% 和 4.4%；针入度分别下降了 2.2%、7%、18.1% 和 20.3%；延度分别下降了 6.6%、15.6%、25.2%、35.9%。以上三大指标结果说明，蒸馏妥尔油在再生剂中的占比越高，再生沥青的软化点越大，针入度和延度越小，蒸馏妥尔油对老化沥青的软化效果弱于腰果酚，与分子动力学模量计算结果一致，即在分子量和分子结构相似的情况下，极性较低的腰果酚表现出了比蒸馏妥尔油更明显的软化效果。当蒸馏妥尔油占比由 50% 提高至 70% 时，软化点和针入度提升最明显，因此选择蒸馏妥尔油：腰果酚＝7∶3 作为再生剂最佳配比。

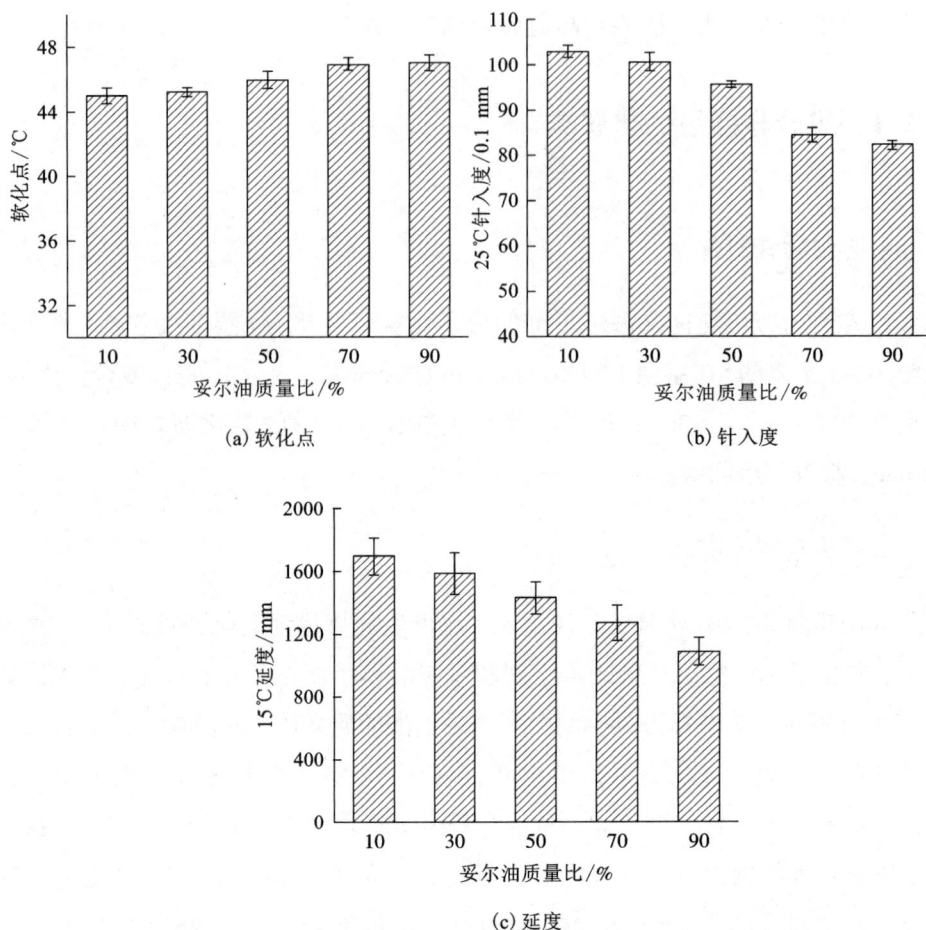

(a) 软化点

(b) 针入度

(c) 延度

图 3-9 再生沥青基本性能

3. 再生剂最佳掺量

长期老化沥青和不同掺量(6%、7%、8%、9%、10%)自制再生剂制得的再生沥青基本性能如图 3-10 所示。由图 3-10 可知,当再生剂掺量为 7% 时,再生沥青的针入度和软化点基本与基质沥青相同,说明此时老化沥青的高温性能基本恢复至原样沥青水平,虽然 7% 再生沥青的延度低于基质沥青,但仍满足规范要求(>20 cm),因此,选择 7% 作为再生剂最佳掺量,随后制备了 7% 大豆油再生沥青和 7% 芳烃油再生沥青作为对照组进行后续试验，同时选择 10% 自制再生剂再生沥青作为对照组，研究再生剂掺量对老化沥青性能的影响。

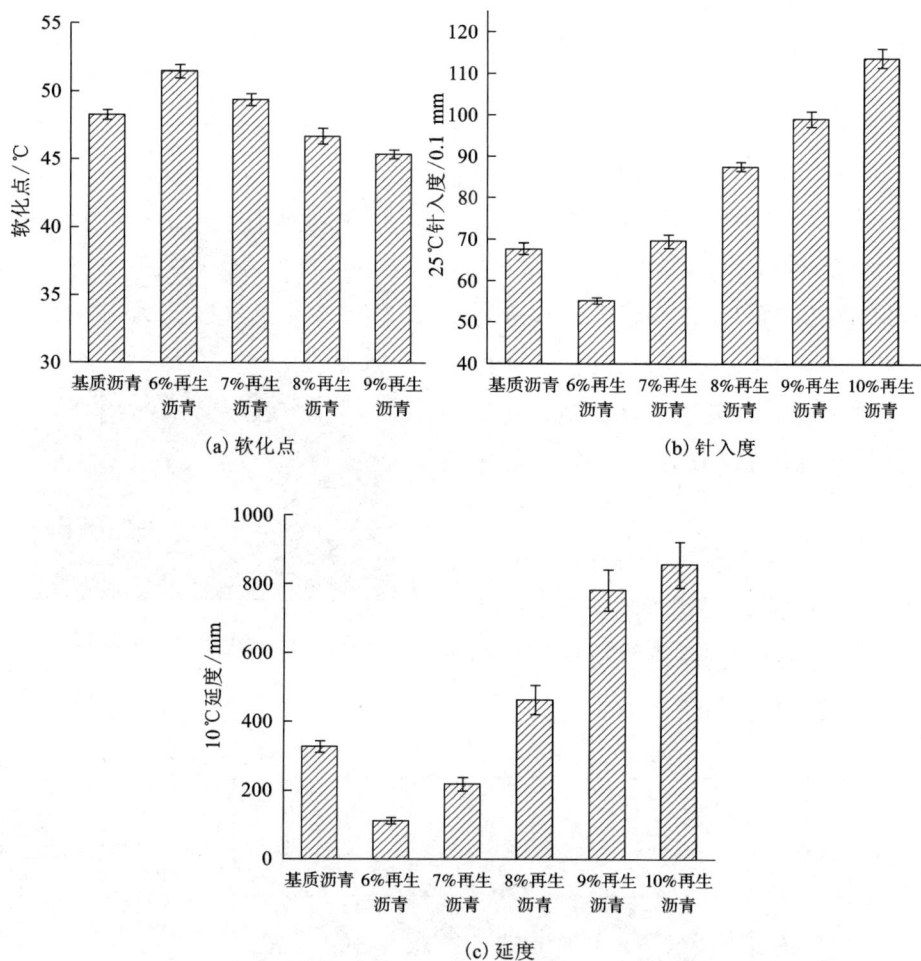

(a) 软化点

(b) 针入度

(c) 延度

图 3-10　不同掺量再生剂再生沥青基本性能

3.2.2 高温流变性能

1. 流变仪校正

本书使用 Anton Paar MCR 302 流变仪（图 3-11）进行沥青流变性能测试，使用软件 Rheo Compass 1.25 进行数据分析处理工作。在进行流变性能测试之前，为了保证结果的准确性，需要对流变仪进行空气校准，在测试过程中，软件会自动记录空气轴承的残余扭矩，残余扭矩的允许误差范围为（0±0.05）μN·m，校正过程中的信号输出如图 3-12 所示，校正之前残余扭矩误差较大，达到了（0±0.1）μN·m，会对重复性试验的结果产生影响，校正完成后，残余扭矩误差基本维持在允许范围内，此时可以进行后续测试。

图 3-11　MCR 302 流变仪

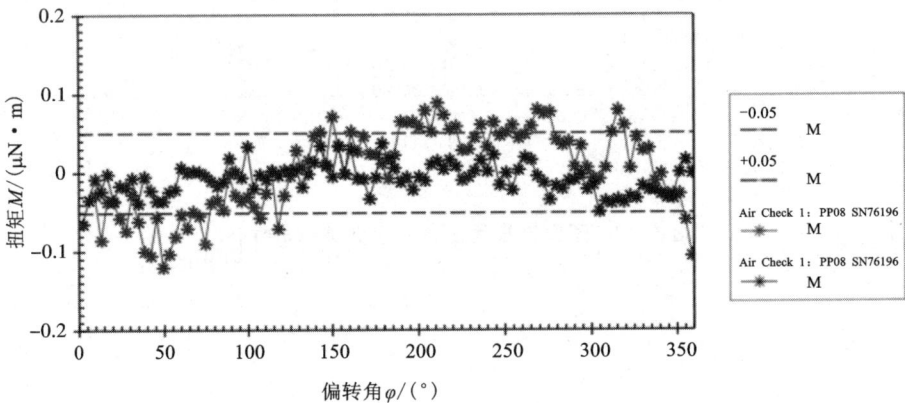

图 3-12　流变仪校正

2. 复数剪切模量和相位角

温度扫描范围为 42~72 ℃，加载频率为 10 rad/s，测试老化沥青试样应变设置为 6%，沥青试样厚 2 mm，直径 8 mm；原样和再生沥青应变为 10%，试样厚 1 mm，直径 25 mm。

复数剪切模量结果如图 3-13 所示，"7%自制再生剂"意为使用老化沥青质量 7%自制再生剂制得的再生沥青，下同。复数剪切模量表现了沥青在剪应力作用下抵抗变形能力的大小，随着温度的升高，所有沥青的 G^* 呈现下降趋势，沥青的抗变形能力减弱。温度升高会增加沥青分子内部的自由体积，使分子之间的距离变大，降低分子之间的范德华力，同时高温会降低分子运动时受到的内摩擦力，在宏观上表现为沥青抗变形能力下降。在 64 ℃ 时，基质沥青的 G^* 为 1.5 kPa，经长期老化后，G^* 提高至 10.8 kPa，添加三种再生剂均能不同程度地恢复老化沥青的剪切模量，软化老化沥青。在 7%再生剂掺量下，恢复效果最好的为自制再生剂，使老化沥青 64 ℃ 的 G^* 降低了 89%；其次为大豆油再生剂，降低了 84%；最后是芳烃油再生剂，降低了 69%。可以发现，在相同掺量下，植物油再生剂对老化沥青 G^* 的软化效果远好于石油基再生剂。

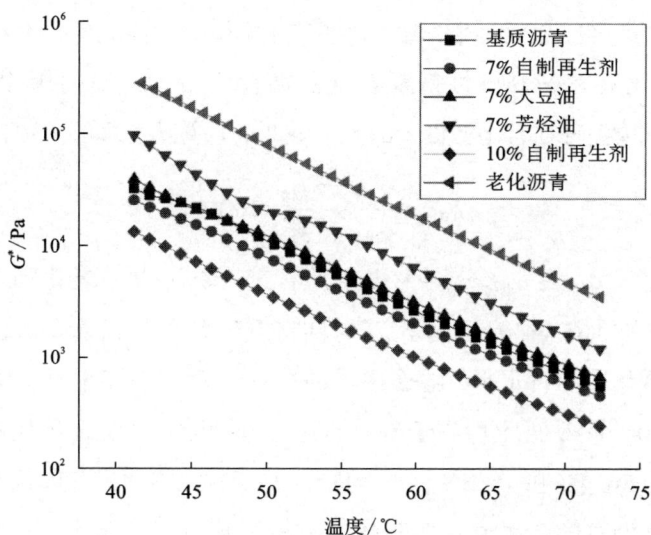

图 3-13　再生剂对老化沥青复数剪切模量影响规律

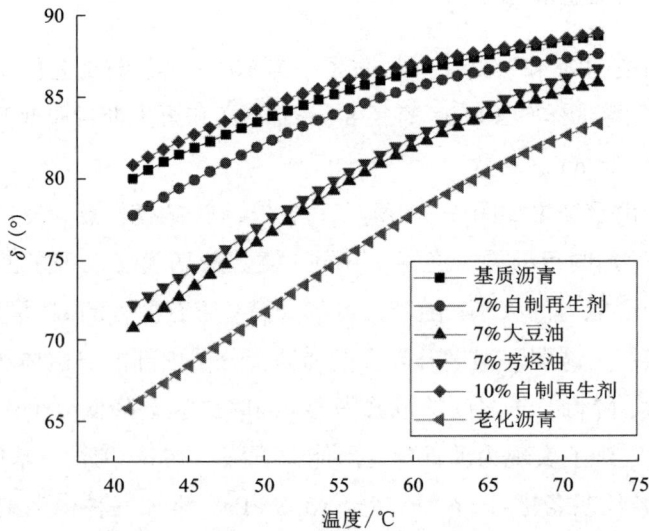

图 3-14　再生剂对老化沥青相位角影响规律

由图 3-14 可知，沥青老化后，由于沥青内部流动性能好的小分子成分含量降低，沥青中弹性成分所占比例上升，分子运动阻力变大，导致相位角 δ 显著下降，因此要实现全面再生，除了降低老化沥青的 G^* 之外，还要提高老化沥青的 δ，使老化沥青的黏弹性恢复至基质沥青水平。本书使用相位角恢复率 $\delta_{恢复}$ 评价不同再生剂对老化沥青 δ 的恢复效果，计算方法如式(3-7)所示。

$$\delta_{恢复} = \frac{\delta_{再生} - \delta_{老化}}{\delta_{基质} - \delta_{老化}} \times 100\% \qquad (3-7)$$

式中，$\delta_{再生}$、$\delta_{基质}$、$\delta_{老化}$ 分别为再生沥青、基质沥青和老化沥青的相位角。三种再生沥青中，在 64 ℃ 温度下，7% 自制再生剂再生沥青的 $\delta_{恢复}$ 为 87.7%，基本能恢复至基质沥青水平，随着掺量的增加 δ 会进一步上升，10% 自制再生剂的 $\delta_{恢复}$ 为 104.1%，再生后高于基质沥青。芳烃油、大豆油再生剂对于老化沥青 $\delta_{恢复}$ 分别为 56.4% 和 48.6%。结合图 3-13 和图 3-14，可以认为 7% 自制再生剂能使老化沥青的高温流变性能基本恢复至基质沥青水平。已有研究表明，聚合物的 δ 和分子量分布密切相关[53]，结合前文分子动力学对不同再生沥青中沥青质分子 RDF 的计算结果，大豆油再生沥青和自制再生剂再生沥青 δ 的差异可能是由于两种再生剂解除沥青质大分子团聚能力不同造成的，解团聚效果好的再生剂和老化沥青混合后会减少沥青中大分子含量，从而提高沥青的 δ。

3. 主曲线

由于沥青路面在实际服役状态下会受到车辆的交变荷载作用，因此，为了探明沥青在不同荷载作用频率下的黏弹性行为，本书对沥青试样进行了频率扫描，通过施加高频荷载能够获得沥青在高速行车下的力学响应，低频荷载则反映了中低速行车下产生的荷载特征。扫描温度分别为 28 ℃、40 ℃、52 ℃、64 ℃、76 ℃，在每个温度下进行 0.1～10 Hz 的频率扫描，最后通过时温等效原理将不同温度下的沥青相位角和复数模量曲线移动至参考温度（本书参考温度为 20 ℃），构建复数模量和相位角主曲线，获得沥青材料在不同数量级荷载频率范围内的复数模量和相位角。要使沥青材料显示出黏性流动，需要一定的松弛时间，升高温度可以缩短松弛时间，因此，对于沥青材料的松弛现象，既可以在较高的温度下，在较短时间观察到，也能在较低温度下，较长时间内观察到，提高温度与延长时间是等效的。因此，可以借助位移因子 α_T 将不同温度下测得的沥青性能数据转化至同一温度下。位移因子 α_T 可以通过 WLF 经验方程求得：

$$\lg \alpha_T = \frac{-C_1(T-T_R)}{C_2+T-T_R} \qquad (3-8)$$

式中，α_T 是 T 温度下对应的位移因子，T_R 是参考温度，C_1 和 C_2 是经验常数。对老化沥青及再生沥青进行频率扫描，根据 WLF 经验方程绘制的 20 ℃下复数剪切模量主曲线和相位角主曲线如图 3-15 和图 3-16 所示。高频荷载作用时间短，低频荷载作用时间长，根据时温等效原理，高频荷载作用下沥青表现出的力学响应与低温环境下类似，低频荷载与高温环境对应，因此，所有沥青样品的复数剪切模量均随着频率的提高而上升，相位角随着频率的提高而下降。在高频荷载作用下不同沥青之间复数模量的差值小于低频荷载，所反映的规律与温度扫描结果类似。由图 3-15 可知，加入再生剂后，老化沥青的 G^* 显著降低，三种再生剂中，在 10^{-6}～10^0 Hz 频率范围内，自制再生剂再生沥青的 G^* 始终低于芳烃油和大豆油再生沥青，说明在低频荷载作用下，自制再生剂对老化沥青的软化效果最好，随着自制再生剂掺量的提高，G^* 会进一步下降，在

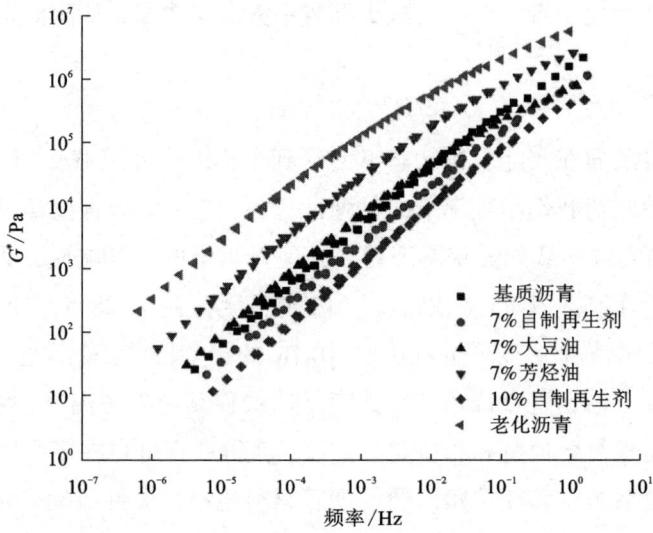

图 3-15 复数剪切模量主曲线

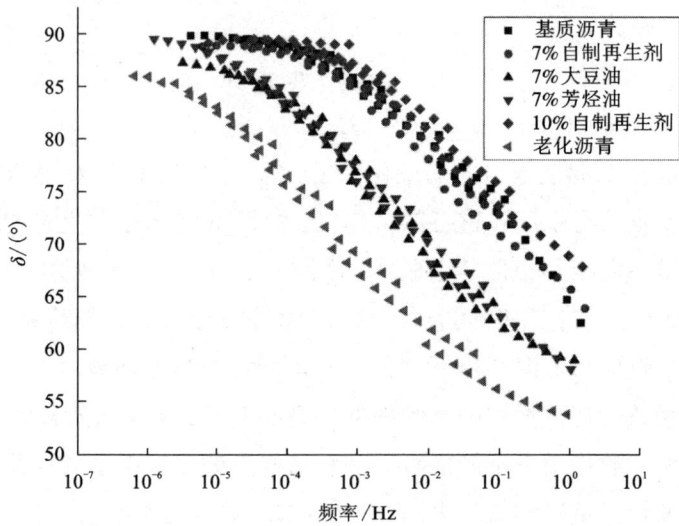

图 3-16 相位角主曲线

相同掺量下，植物油再生剂的软化效果明显优于石油基再生剂。随着加载频率的提高，大豆油再生沥青 G^* 的增长速率明显小于其他沥青样品，在频率接近 1 Hz 时，大豆油再生沥青的 G^* 与自制再生剂再生沥青接近，说明在高频荷载或低温环境下，大豆油再生沥青的变形能力更强，在剪切荷载作用下产生的应变更大。

δ 反映了沥青材料在交变荷载作用下应变对应力变化的滞后行为，δ 越大，沥青产生的形变落后于应力越多。由图 3-16 可知，所有沥青样品在剪切荷载作用下以黏性行为为主($\delta>45°$)，随着加载频率的上升，沥青的 δ 逐渐变小，其中老化沥青的 δ 最小，其内部弹性成分最多，对于应力的响应越快。芳烃油对于老化沥青 δ 的恢复效果略优于大豆油，7% 自制再生剂再生沥青在 10^{-6} ~ 10^0 Hz 范围内 δ 低于基质沥青，当频率提高至 10^0 Hz 以上时，δ 比原样沥青大，说明基质沥青相位角对应力加载频率的变化比 7% 自制再生剂再生沥青更敏感。

3.2.3　交叉模量和交叉频率

交叉模量和交叉频率分别是在 15 ℃下，沥青结合料的损耗模量 G'' 等于储能模量 G' 时对应的模量和加载频率。沥青胶结料的交叉频率用来评价其黏弹性特性时，交叉频率越大，沥青的黏性越大。同时交叉模量已广泛用于评估再生和老化沥青中沥青质等大分子的分散情况(Oldham 等，2020；Samieadel 等，2020)。它可以间接表征沥青质分子的团聚行为。

从沥青结合料的交叉频率可知，基质沥青 PAV 老化后，当加载频率低于 3.63 Hz 时，老化沥青主要表现出弹性力学响应。所有三种再生剂都能够增强老化沥青的黏性行为。然而，大豆油和芳烃油的作用程度较小，它们的交叉频率仅分别恢复了基质沥青的 52% 和 13%。相反，自制再生剂再生沥青的交叉频率比基质沥青高 96.61 Hz，表明 CD 再生剂可以显著增强老化沥青的黏性行为，甚至优于基质沥青。

如图 3-17 所示，PAV 老化后基质沥青的交叉模量下降了 $1.21×10^7$ Pa，这主要是由于老化过程增加了沥青中极性组分的比例，促进了沥青质等大分子的团聚(Samieadel 等，2020)。此外，所有三种再生沥青结合料的交叉频率均高于

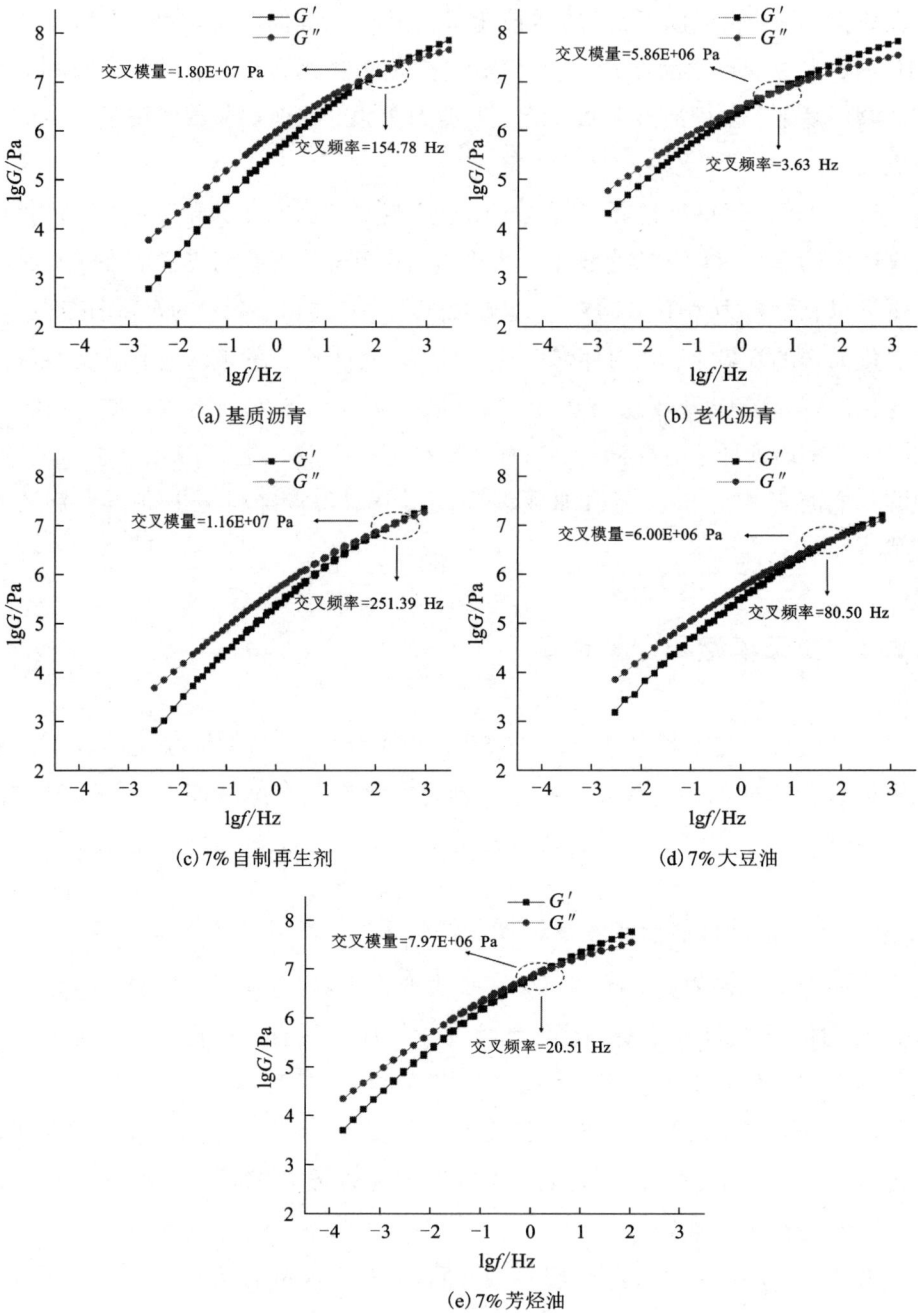

(a) 基质沥青

(b) 老化沥青

(c) 7%自制再生剂

(d) 7%大豆油

(e) 7%芳烃油

图 3-17 沥青结合料的交叉模量和交叉频率

老化沥青的交叉频率，表明所有三种再生剂都分散了老化沥青的大分子团聚体。老化沥青的交叉模量恢复，特别是自制再生剂再生沥青的交叉模量增加至 1.16×10^7 Pa。结果表明，利用分子动力学结果选择的解聚组分能够有效地分散老化沥青质团聚体。

3.2.4 应力蠕变性能

作为一种典型黏弹性材料，沥青在外力作用下，会产生弹性形变和黏性流动，由于黏性流动是不可恢复的，在外荷载消失后，在沥青中会残余一部分形变。沥青的蠕变行为与温度高低和荷载大小有关，为了评价不同温度下沥青的应力敏感性与蠕变特性，参考 AASHTO MP 19 标准，首先对再生沥青和老化沥青进行旋转薄膜烘箱老化处理，然后收集老化残留物进行多重应力蠕变恢复（MSCR）试验，试验温度为 64 ℃ 和 58 ℃，沥青试样直径 25 mm，厚度 1 mm。MSCR 试验能够测试沥青样品在 0.1 kPa 和 3.2 kPa 两种应力水平下的蠕变行为，在每个应力水平下对沥青样品进行 10 个周期的加载-卸载动作，每个周期由 1 s 的加载过程与 9 s 的卸载过程组成，如图 3-18 所示。通过记录的应变曲线，可以计算试样的蠕变恢复率（R）、不可恢复蠕变柔量（J_{nr}）和应力敏感性（$J_{nr-diff}$）如式（3-9）~式（3-11）所示。

$$R = \frac{\gamma_p - \gamma_{nr}}{\gamma_p - \gamma_0} \times 100\% \tag{3-9}$$

$$J_{nr} = \frac{\gamma_{nr}}{\tau} \tag{3-10}$$

$$J_{nr-diff} = \frac{J_{nr3.2} - J_{nr0.1}}{J_{nr0.1}} \times 100\% \tag{3-11}$$

式中，γ_p 为峰值应变，γ_{nr} 为残余应变，γ_0 为初始应变，τ 为蠕变应力。

1. 蠕变恢复率

蠕变恢复率 R 反映了沥青在卸载过程中应变恢复情况，R 越大，说明沥青在蠕变过程总形变中弹性形变所占比例越高。由图 3-19 可以看出，测试温度和加载应力的增长与蠕变恢复率大小呈负相关，加载应力越大，温度越高，沥青

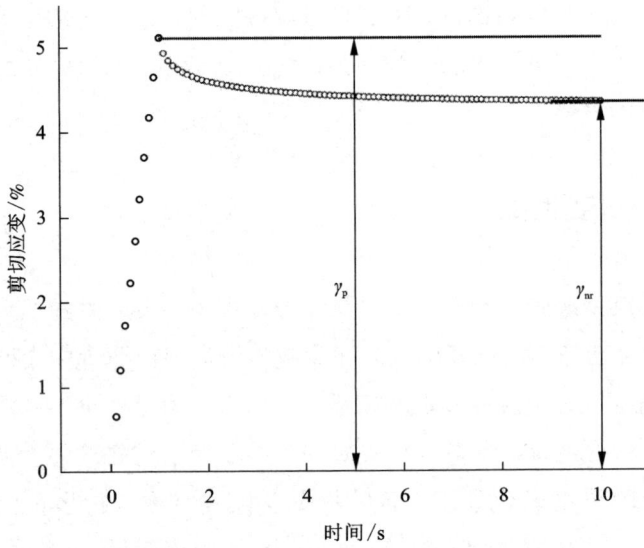

图 3-18　单个应力周期加载-卸载示意图

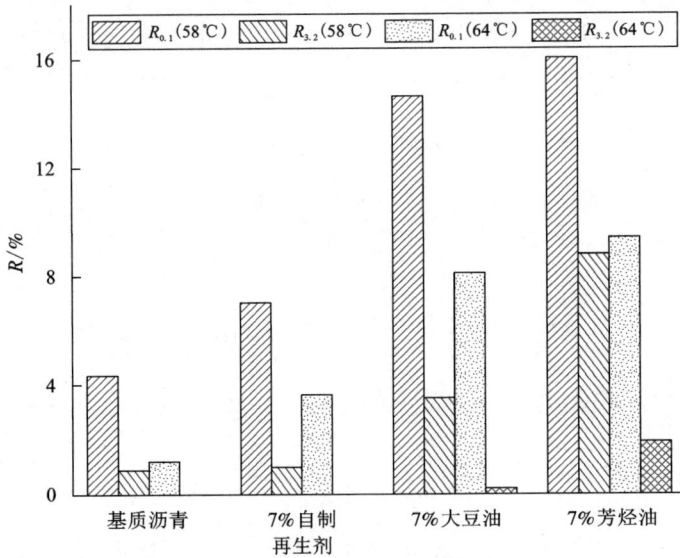

图 3-19　不同温度和应力下再生沥青蠕变恢复率

的蠕变恢复率越小。7%自制再生剂再生沥青和基质沥青在 64 ℃下 $R_{3.2}$ 均为 0，说明此时加载过程中发生的形变主要属于塑性变形。对于 7%掺量下的大豆油和芳烃油再生沥青，$R_{3.2}$(64 ℃)计算结果显示，此时沥青中存在少量的弹性形变，卸载后沥青内部的剪切应变分别恢复了 0.19%和 1.9%，可能是因为大豆油分子中含有支链，而芳烃油分子中存在大量的苯环，含有支链和苯环的分子运动能力相对较差，在外力作用下，分子间产生相对滑移（黏性流动）的阻力较大，在试验所用的温度和应力条件下，不足以使沥青发生完全黏性流动。除 $R_{3.2}$(64 ℃)外，在相同应力和温度条件下，不同沥青之间的蠕变恢复率存在相同的大小关系：基质沥青<7%自制再生剂<7%大豆油<7%芳烃油。

2. 不可恢复蠕变柔量

不可恢复蠕变柔量是单个应力周期内残余应变与剪切应力之比，不可恢复蠕变柔量越大，沥青的抗塑性变形能力越弱。由图 3-20 可知，温度的上升促进了分子的黏性流动，在不同应力水平下的不可恢复蠕变柔量之差会随之增大，7%芳烃油再生沥青的高温性能最好，其 $J_{nr3.2}$(64 ℃)较基质沥青降低了 65%，7%自制再生剂再生沥青的 $J_{nr3.2}$(64 ℃)较基质沥青提高了 18%，7%大豆

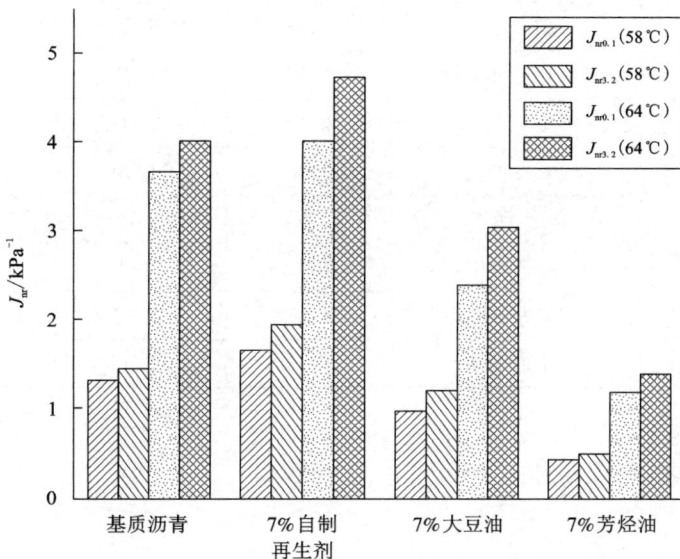

图 3-20　不同温度和应力下再生沥青不可恢复蠕变柔量

油再生沥青 $J_{nr3.2}$（64 ℃）较基质沥青降低了 24%，说明自制再生剂再生沥青的抗塑性变形能力最接近基质沥青，其再生效果最好，使用 J_{nr} 对沥青高温性能进行排序的结果与温度扫描中复数模量的排序结果一致。

3. MSCR 高温分级

参考 AASHTO MP 19-10，使用 $J_{nr3.2}$ 和 $J_{nr-diff}$ 作为判别指标分别在 58 ℃ 和 64 ℃ 对沥青进行高温分级，如表 3-3 所示。在试验温度下，所有沥青样品的 $J_{nr-diff}$ 均小于 75%，说明沥青未发生蠕变破坏，此时沥青的高温等级主要通过 $J_{nr3.2}$ 进行判别。在 58 ℃ 时，除了 7% 芳烃油再生沥青外，其余两种再生沥青与基质沥青的高温等级相同，说明再生剂对老化沥青高温性能的恢复效果较好；当温度上升至 64 ℃ 时，所有沥青样品对应的荷载等级有所下降，说明高温条件下沥青抵抗塑性变形的能力有所降低，同一种沥青在不同温度下适用的交通荷载等级不同，此时 7% 自制再生剂再生沥青的 $J_{nr3.2}$ 值已不满足 PG64S 的要求。

表 3-3　再生沥青 MSCR 高温分级

试验温度/℃	沥青种类	$J_{nr3.2}$	$J_{nr-diff}$	高温分级
58	基质沥青	1.45	8.8	PG58H
	7%自制再生剂	1.94	17.51	PG58H
	7%大豆油	1.2	25.04	PG58H
	7%芳烃油	0.48	11.96	PG58E
64	基质沥青	4	9.36	PG64S
	7%自制再生剂	4.72	18.2	——
	7%大豆油	3.04	27.62	PG64S
	7%芳烃油	1.39	17.36	PG64H

3.2.5　低温流变性能

参照《公路工程沥青及沥青混合料试验规程》（JTG E20—2011），使用弯曲梁流变仪（图 3-21）测试沥青在低温条件下的蠕变劲度（S）和 m 值，本书使用

图 3-21　弯曲梁流变仪

的沥青试样规格为 127 mm×6.35 mm×12.7 mm，测试温度为 -12 ℃ 和 -18 ℃，测试结果如图 3-22 所示。

由图 3-22 可知，所用再生剂均能降低老化沥青的蠕变劲度，提高老化沥青的 m 值，恢复老化沥青的低温流变性能，随着温度的降低，再生剂对老化沥青低温性能的改善效果也会下降，7% 的自制再生剂可以使老化沥青 -18 ℃ 和 -24 ℃ 的蠕变劲度分别降低 70% 和 63%，远低于基质沥青，随着再生剂掺量的上升，沥青的低温性能会进一步提高。m 值反映了沥青在外力作用下的应力松弛性能，松弛过程是指从非平衡过渡到平衡态的过程，m 值越大，沥青的应力松弛能力越强。加入再生剂后，老化沥青的松弛能力得到提升，而沥青材料的松弛能力，取决于分子本身的结构，自制再生剂和大豆油再生剂的主要成分为链状小分子结构，且 C＝C 双键较少，分子柔顺性好，因此自制再生剂和大豆油再生剂的改善效果优于芳烃油再生剂。在三种再生剂中，大豆油的低温性能改善效果最好，甚至优于 10% 的自制再生剂再生沥青，可能是因为大豆油分子链相较于自制再生剂分子更长，单个分子内部可旋转的单键更多，分子柔性更强，且大豆油分子极性低于腰果酚分子和蒸馏妥尔油分子，和沥青共混后会降低再生沥青的内聚能密度，起到"增塑作用"。因此在低温条件或高频荷载作用下，大豆油再生沥青表现出的整体柔性优于自制再生剂再生沥青和芳烃油再生沥青。

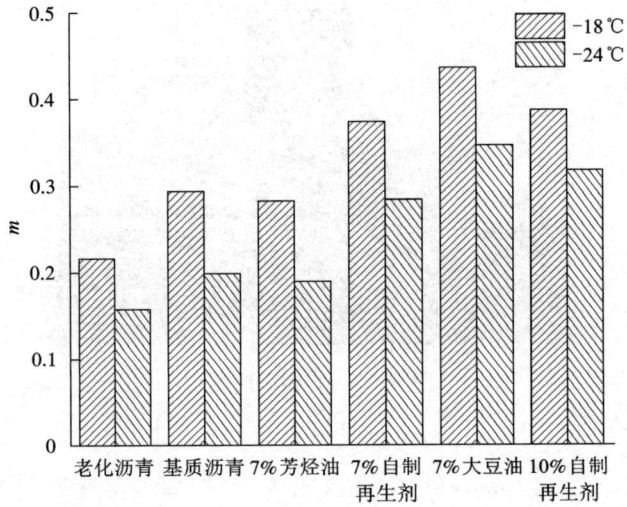

(a) m

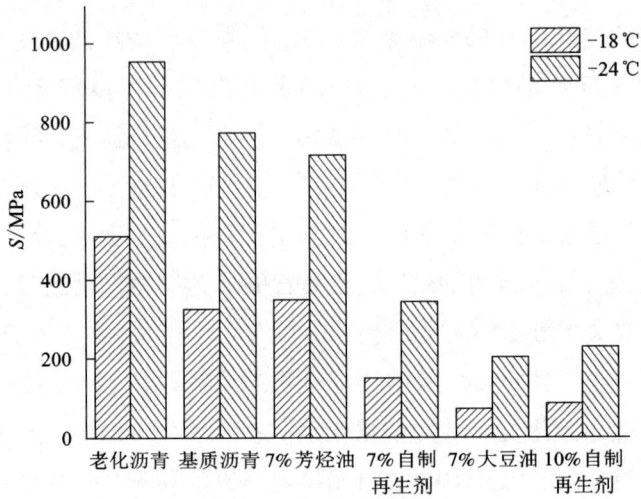

(b) 蠕变劲度

图 3-22　BBR 试验结果

3.2.6 抗热氧老化能力

为了达到调和组分的效果,所用沥青再生剂的主要成分为低分子量的轻组分,其熔、沸点和高温稳定性相对沥青中的大分子成分较低;且再生剂分子内部普遍含有不饱和键,易与氧气发生反应。和沥青的老化过程类似,再生剂在沥青中的老化同样包括加热后的挥发以及分子结构的氧化,因此,有必要考虑再生沥青在使用过程中再生剂发生的热氧老化对再生沥青性能产生的影响。由前文对老化沥青的流变性能测试结果可知,沥青的热氧老化会对其相位角和复数模量产生影响,因此可以参考沥青流变性能的变化评价其抗老化能力,本书使用复数模量老化指数(CAI)和相位角老化指数(PAI)评价沥青的抗老化性能,计算方法如式(3-12)、式(3-13)所示。

$$CAI = \frac{G_{aged}^*}{G_{virgin}^*} \tag{3-12}$$

$$PAI = \frac{G_{aged}}{G_{virgin}} \tag{3-13}$$

式中,G_{aged}^* 为老化沥青复数模量,G_{virgin}^* 为基质沥青复数模量,G_{aged} 为老化沥青相位角,G_{virgin} 为基质沥青相位角。经 20 h 压力老化后的再生沥青试样如图 3-23 所示,表面的气泡为沥青中轻组分在压力老化过程中挥发所致,可以看出,再生剂掺量越高,老化沥青表面的气泡越丰富,轻组分损失越严重。

1. 短期热氧老化

再生沥青和基质沥青在短期老化后流变性能如图 3-24 所示,选择 64 ℃时短期老化沥青的复数模量与相位角数据分别计算了 CAI 值和 PAI 值,如图 3-24 所示,老化会导致沥青复数模量上升,相位角下降,因此 CAI 值越小,PAI 值越大,说明老化对沥青流变性能的影响越小,沥青的抗老化性能越强。

由图 3-25 可知,基质沥青的 CAI 值最小(1.75),植物基再生剂再生沥青的 CAI 值(自制再生剂 1.99,大豆油 1.80)高于基质沥青和芳烃油再生沥青(1.79),这可能与再生剂之间的热稳定性的差异有关,大豆油和芳烃油经RTFOT 老化后质量损失率小于腰果酚和蒸馏妥尔油,由腰果酚和蒸馏妥尔油混

1—7%大豆油再生沥青；2—7%自制再生剂再生沥青；
3—7%芳烃油再生沥青；4—10%自制再生剂再生沥青；5—基质沥青。

图 3-23　PAV 老化后沥青试样

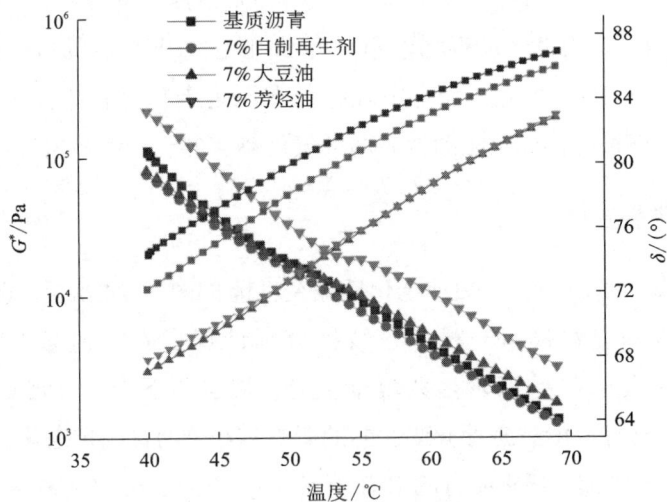

图 3-24　短期老化沥青流变性能

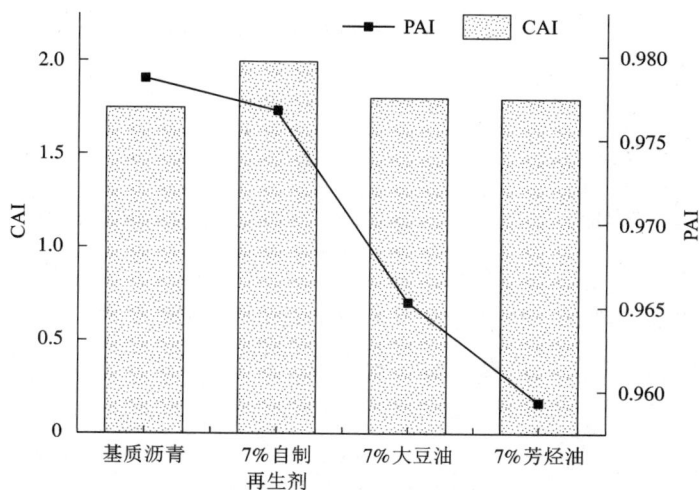

图 3-25　短期老化沥青 64 ℃时的老化指数

合制成的自制再生剂再生沥青在短期热氧老化过程中损失的轻组分较多，导致其 CAI 值较高。

　　沥青的 PAI 值反映了老化过程对沥青内部黏弹性成分比例的影响，在三种相同再生剂掺量的再生沥青中，自制再生剂再生沥青老化后相位角损失最小，PAI 值为 0.977，随后为大豆油（0.863）和芳烃油再生沥青（0.881）。自制再生剂再生沥青的 PAI 值相比于基质沥青降低了 0.2%，而大豆油和芳烃油再生沥青的 PAI 值相比于基质沥青分别降低了 1.4% 和 2%，说明在三种再生剂中，自制再生剂对于减缓短期热氧老化过程对沥青黏弹性成分比例影响的效果最好。在老化沥青中加入以轻组分为主的沥青再生剂会提高分子之间的扩散速率，起到"润滑"作用，从而提高老化沥青的相位角。前文 CAI 值计算结果表明，自制再生剂的热稳定性低于其余两种再生剂，在老化过程中损失较多，但自制再生剂再生沥青老化后相位角的变化在三种再生沥青中最小。沥青的相位角与沥青内部分子量分布有关[92]，沥青长期老化后自制再生剂大量挥发，说明自制再生剂除通过自身的"润滑"作用提高沥青的相位角之外，还能够通过与沥青分子之间的物理相互作用，解除因老化过程引起的大分子团聚，降低沥青内部大分子的比例，实现提高沥青内部黏性成分的效果，因此，即使再生剂在老化过程中挥发了，沥青结构仍比较稳定。借助短期老化指数的计算结果，从宏观上验证了前文分子动力学模拟的结果，即妥尔油分子对于解除沥青质大分子团聚的效果优于大豆油分子。

2. 长期热氧老化

长期老化后基质沥青和再生沥青的流变性能测试结果如图 3-26 所示，长期老化进一步促进了再生剂和沥青的氧化与挥发过程，提高了沥青的 CAI 值，降低了 PAI 值，加剧了老化沥青和基质沥青之间的性能差距。选择 64 ℃时沥青的流变性能指标，分别计算了 CAI 值和 PAI 值，如图 3-27 所示。

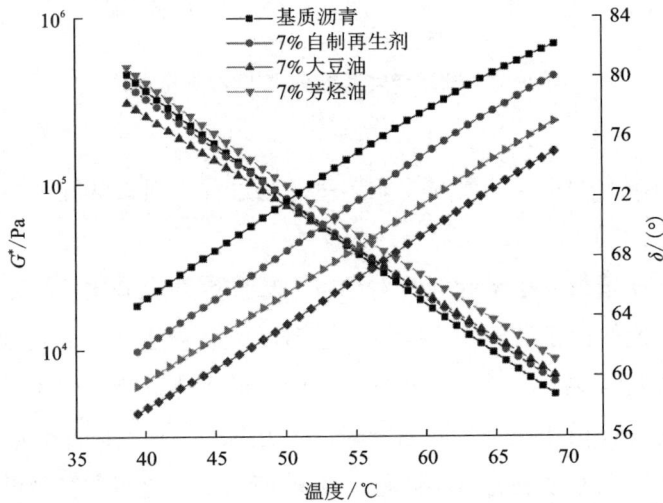

图 3-26　长期老化沥青流变性能

由图 3-27 可知，由于芳烃油在三种再生剂中热稳定性最好，因此其长期老化后复数模量变化最小，CAI 值为 4.74，较基质沥青低 33%，大豆油和自制再生剂再生沥青的 CAI 值分别比基质沥青高 2% 和 48%，说明植物油再生剂的热稳定性明显低于石油基再生剂。PAI 值计算结果表明，在三种再生剂中，自制再生剂对于抵抗长期热氧老化对再生沥青相位角影响的效果最好，和短期热氧老化计算结果一致。

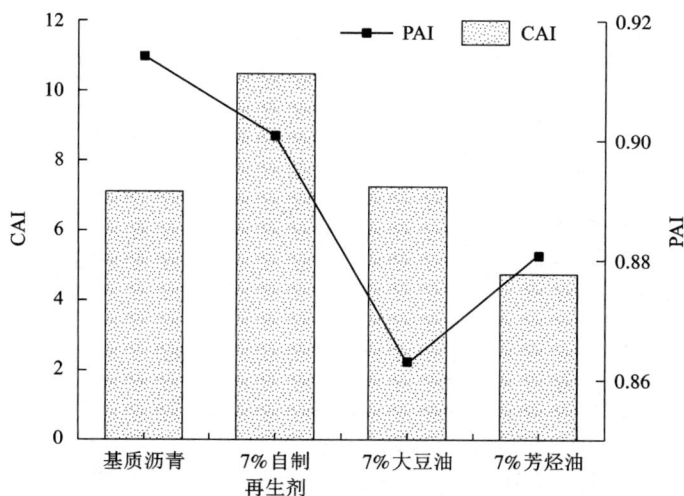

图 3-27　长期老化沥青 64 ℃时老化指数

3.2.7　G-R 参数

图 3-28 说明了沥青抗裂性对 PAV 老化的敏感性。人们普遍认为,裂纹在 G-R=180 kPa 时开始,并且在 G-R=600 kPa 时出现显著裂纹。此外,为了定量表征再生沥青的老化敏感性,使用式(3-14)计算了 G-R 老化指数 (G-RAI)。计算结果如表 3-4 所示。

表 3-4　原始和 PAV 老化黏合剂的 G-RAI

	基质沥青	7%自制再生剂	7%大豆油	7%芳烃油
G-R(原样)	450.75 Pa	393.25 Pa	1429.76 Pa	7374.71 Pa
G-R（PAV）	46211.15 Pa	32808.14 Pa	29427.04 Pa	154067.29 Pa
G-RAI	101.52	82.43	19.58	19.89

$$G\text{-}RAI = (G\text{-}R_{PAV} - G\text{-}R_{virgin})/G\text{-}R_{virgin} \qquad (3\text{-}14)$$

图 3-28 显示 PAV 老化后所有沥青的 G-R 参数均向左上方移动,表现出

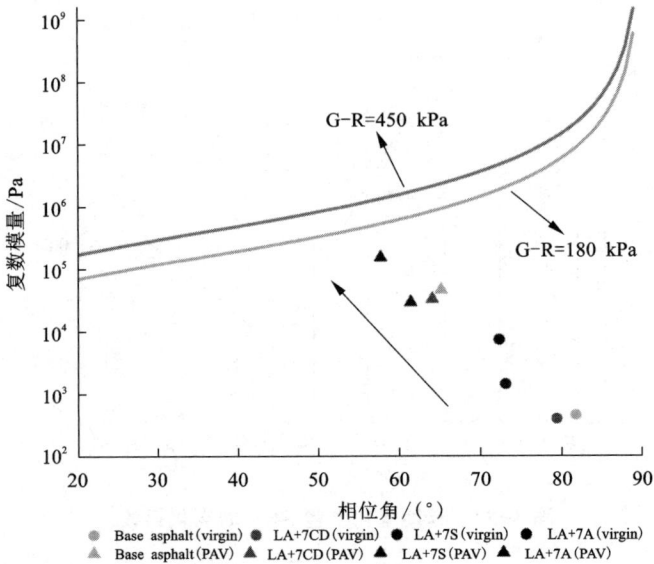

图 3-28 基质和 PAV 老化黏合剂的 G-R 参数

较高的开裂概率，但所有沥青的 G-R 参数均位于开裂控制曲线（G-R=180 kPa）下方，表明在 15 ℃时所有试件均未出现温度开裂。由于再生剂具有软化老化沥青和解聚沥青质团聚体的能力，7%自制再生剂再生沥青黏结剂表现出较低的 G^* 和较高的 δ，并且计算出的 G-R 参数移至图 3-28 的右下角。这表明自制再生剂的两种能力协同降低再生沥青的开裂倾向存在协同作用。通过比较再生沥青结合料的 G-R 参数，可以看出自制再生剂对于增强 PAV 老化沥青的抗裂性最为有效。与基质沥青相比，7%自制再生剂再生沥青的抗温度开裂性能更加优异。然而，如 G-RAI 所示，PAV 老化后，7%自制再生剂的抗裂性下降幅度远大于大豆油和芳烃油再生沥青，并且 LA+7S 和 LA+7A 黏合剂表现出相似的老化敏感性，但由于芳烃油再生沥青老化后开裂的风险较高，因此在使用纯芳香油作为再生剂时建议使用较高的剂量。总体而言，PAV 老化后，基质沥青、自制再生剂再生沥青和大豆油再生沥青黏结剂的抗裂性能大致处于同一水平。

3.2.8　疲劳性能

目前，用于评价沥青材料疲劳性能的试验主要有时间扫描（TS）和线性振幅扫描（LAS）两种。时间扫描是在恒定的振幅、频率和温度下对沥青试样重复加载多个循环，直至材料失效，使用 N_{f20} 或 N_{f50} 作为试样失效的判别依据，但时间扫描存在试验时间长、重复性试验误差大等缺点。本书参考 AASHTO TP 101-12 规范，使用 LAS 试验测试再生沥青和基质沥青的疲劳性能，由于沥青往往在中温下才会产生疲劳破坏，因此选择 25 ℃ 作为试验温度，LAS 试验共分为频率扫描和振幅扫描两个阶段，频率扫描的扫描频率范围为 0.2~30 Hz，应变为 0.1%；振幅扫描的荷载频率为 10 Hz，振幅由 0.1% 增加到 30%，扫描时间为 310 s。

基于细观力学和连续介质力学，可以使用黏弹性连续介质损伤（VECD）理论，计算沥青混合料的疲劳性能，该模型能够准确获得一定范围应变水平下沥青的疲劳性能[93]。

首先对储存模量 G' 和相位角 δ 分别取对数，进行线性拟合：

$$\lg G' = m\lg\delta + b \tag{3-15}$$

根据线性拟合有关参数，计算损伤发展速率 α：

$$\alpha = 1 + \frac{1}{m} \tag{3-16}$$

随后使用式（3-17）计算疲劳损伤参数 D：

$$D(t) \cong \sum_{i=1}^{N}\left[\pi I_D\gamma_0^2(\mid G^* \mid \sin\delta_{i-1} - \mid G^* \mid \sin\delta_i)\right]^{\frac{\alpha}{1+\alpha}}(t_i - t_{i-1})^{\frac{1}{1+\alpha}} \tag{3-17}$$

式中，I_D 为 1% 应变下的 G^*，γ_0 为每个数据点对应的应变水平，α 为损伤发展速率，t 为对应的测试时间。

对于每个时间 t 下的数据点，$\mid G' \mid \sin\delta$ 与疲劳损伤参数 D 满足以下关系：

$$\mid G' \mid \sin\delta = C_0 - C_1(D)^{C_2} \tag{3-18}$$

式中，$C_0 = 1$，C_1 和 C_2 可以通过计算幂率线性化的曲线拟合系数求得：

$$\lg(C_0 - \mid G^* \mid \sin\delta) = \lg C_1 + C_2\lg D \tag{3-19}$$

沥青发生疲劳破坏时的 D_f 值定义为疲劳损伤参数达到初始 $|G^*| \sin \delta$ 的 35%，计算方法如式(3-20)所示：

$$D_f = 0.35 \left(\frac{C_0}{C_1} \right)^{\frac{1}{C_2}} \qquad (3-20)$$

沥青的疲劳模型参数(A_{35} 和 B)可由式(3-21)和式(3-22)计算：

$$A_{35} = \frac{f(D_f)^k}{k(\pi I_D C_1 C_2)^\alpha} \qquad (3-21)$$

$$B = 2\alpha \qquad (3-22)$$

式中，f 为加载频率(10 Hz)，$k = 1 + (1 - C_2)\alpha$。沥青的疲劳寿命可以通过式(3-23)计算：

$$N_f = A_{35}(\gamma_{max})^B \qquad (3-23)$$

式中，γ_{max} 为荷载作用下路面产生的最大应变。

1. 振幅扫描下沥青应力-应变特征

为了使试验条件更接近实际状态下沥青路面疲劳破坏情况，分别选择短期和长期室内老化后的沥青进行 LAS 试验，在振幅扫描下测得的不同老化条件下沥青的应力-应变曲线如图 3-29 所示。

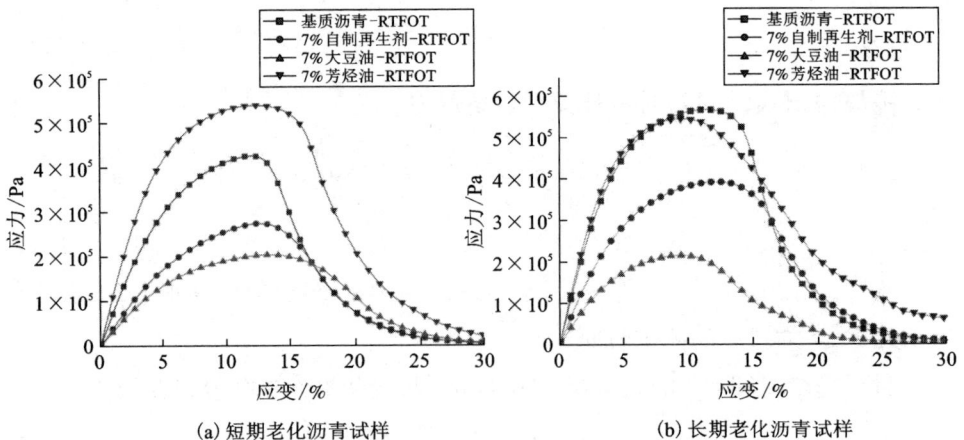

(a) 短期老化沥青试样 (b) 长期老化沥青试样

图 3-29 不同老化条件下沥青的应力-应变曲线

在所有沥青试样的应力–应变曲线中，存在一个明显的应力峰值点，参照 AASHTO TP 101–12 规范，认为达到峰值点后沥青试样开始发生疲劳破坏，试样出现损伤，该点对应的应力为屈服应力，应变为屈服应变。对于不同种类的沥青，其峰值区宽度各不相同，峰值区越宽，说明沥青的应变敏感性越低，抗疲劳性能越好[93]。在短期老化沥青试样中，芳烃油和大豆油再生沥青的峰值区较宽，其次为自制再生剂再生沥青，基质沥青的峰值区最窄，说明老化沥青再生后能够提高其短期老化后的抗疲劳性能；随着老化程度的提高，所有沥青的屈服应力均上升，自制再生剂、大豆油和芳烃油再生沥青的屈服应力分别提高了 43%、5% 和 1%，基质沥青的屈服应力提高了 33%，其中基质沥青老化后屈服应力的变化规律与王超的研究结论一致[94]；对于不同种类的沥青，其峰值区宽度变化存在差异：大豆油和芳烃油再生沥青经长期老化后峰值区宽度变窄，抗疲劳性能下降，自制再生剂再生沥青和基质沥青峰值区变宽，抗疲劳性能提高。

2. 沥青疲劳寿命

不同老化条件下沥青的 VECD 模型参数计算结果见表 3–5，使用 VECD 模型，分别计算了沥青在 2.5% 和 5% 应变下的疲劳寿命，如图 3–30 所示。对于所有沥青试样，在 5% 应变下算得的疲劳寿命远低于 2.5% 应变下的计算结果。在三种再生沥青中，自制再生剂再生沥青老化过程中的疲劳寿命变化与基质沥青相似，随着老化程度的增加，沥青的疲劳寿命得到提升，在不同的老化条件和应变水平下，老化沥青经自制再生剂再生后，其短期和长期老化后的疲劳寿命均能得到提高。对于大豆油和芳烃油再生沥青，长期老化后其疲劳寿命下降，除了 5% 应变水平下短期老化后的疲劳寿命，芳烃油再生沥青的抗疲劳性能始终优于大豆油再生沥青。考虑到沥青路面的疲劳破坏主要出现在长期老化之后，参考长期老化后 2.5% 和 5% 应变水平下不同沥青的疲劳寿命，可以认为自制再生剂再生沥青抵抗疲劳破坏的能力较强。

表 3-5　不同老化条件下沥青的 VECD 模型参数

	α	A_{35}	B	C_1	C_2
基质沥青-RTFOT	1.331	2.419×10^5	−2.663	0.055	0.507
自制再生剂-RTFOT	1.360	3.198×10^5	−2.719	0.041	0.544
大豆油-RTFOT	1.545	1.123×10^6	−3.089	0.060	0.471
芳烃油-RTFOT	1.622	1.338×10^6	−3.243	0.093	0.409
基质沥青-PAV	1.651	1.049×10^6	−3.302	0.093	0.419
自制再生剂-PAV	1.657	1.364×10^6	−3.314	0.081	0.433
大豆油-PAV	1.871	1.138×10^6	−3.742	0.087	0.436
芳烃油-PAV	1.901	1.948×10^6	−3.802	0.122	0.371

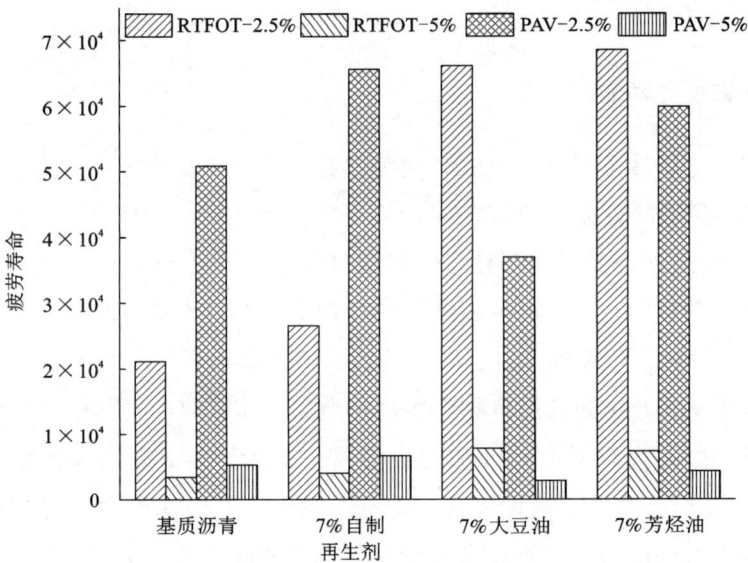

图 3-30　不同老化条件下沥青的疲劳寿命

本书通过基本性能试验确定了自制再生剂的配比与最佳掺量,同时制备了相同掺量的大豆油再生剂和石油基再生剂再生沥青作为对照组。借助流变性能试验评价了不同再生剂对老化沥青的高低温流变性能、蠕变性能和疲劳性能的恢复效果，通过计算老化指数讨论了不同再生沥青的抗老化性能，主要结论如下：

（1）针入度和软化点试验结果表明，腰果酚对于沥青的软化效果优于蒸馏妥尔油和大豆油，与分子动力学中再生沥青的模量计算结果一致，当蒸馏妥尔油∶腰果酚＝7∶3，再生剂掺量为7%时，制得的再生沥青性能最优。

（2）对再生沥青温度进行扫描的 G^* 分析可知，自制再生剂降低老化沥青 G^* 的效果最好，在相同掺量下，植物油再生剂对老化沥青 G^* 的软化效果远好于石油基再生剂；$\delta_{恢复}$ 计算结果表明，自制再生剂能够通过解除沥青质大分子团聚提高老化沥青的 δ，三种再生剂中自制再生剂恢复老化沥青 γ_{max} 的效果最好，且老化沥青的 G^* 和 δ 会随着再生剂掺量的提高进一步改善。

（3）在高频剪切荷载作用下，大豆油再生沥青的 G^* 最小，在荷载作用下产生的形变更大，能够减缓裂缝的产生，防止沥青发生脆性破坏。

（4）由弯曲梁蠕变试验结果可知，植物基沥青再生剂对老化沥青低温性能的提升远大于石油基再生剂，在相同再生剂掺量下，大豆油再生沥青在低温环境下刚度最低，变形性能最好，这可能是因为大豆油分子链较长，分子中双键较少，使得其分子柔性较强，和老化沥青混合后起到"增塑作用"。

（5）自制再生剂再生沥青和基质沥青的 $R_{3.2}$（64 ℃）均为 0，大豆油和芳烃油再生沥青的 $R_{3.2}$（64 ℃）分别为 0.19% 和 1.9%，说明大豆油和芳烃油在沥青中发生黏性流动的能力较弱，可能是因为大豆油分子中含有支链，而芳烃油分子中存在大量的苯环，在外力作用下，上述分子运动时阻力较大，在试验所用的温度和应力条件不足以使沥青发生完全黏性流动；$J_{nr3.2}$（64 ℃）计算结果表明，自制再生剂再生沥青的抗塑性变形能力最接近基质沥青，再生效果最好。

（6）由于植物油的热稳定性弱于芳烃油，在短期和长期老化后，植物基再生剂再生沥青的 CAI 值低于芳烃油再生沥青，且随着老化程度的加深，差距会进一步增大。综合 CAI 和 PAI 值计算结果，发现自制再生剂除可以通过"润滑"作用提高沥青的相位角之外，还能够通过与沥青分子发生化学反应或物理相互作用，降低沥青内部大分子的比例，实现提高沥青相位角的效果。

（7）通过对沥青 LAS 试验数据进行 VECD 模型分析计算可知，随着老化程度的提高，基质沥青和再生沥青的屈服应力均存在不同程度的上升，不同种类的沥青老化后，其疲劳性能的变化规律存在差异，长期老化过程会提高基质沥青和自制再生剂再生沥青的疲劳寿命，降低大豆油和芳烃油再生沥青的疲劳寿命，当以长期老化后沥青的疲劳寿命作为沥青抗疲劳破坏能力的判别指标时，自制再生剂再生沥青的抗疲劳破坏能力较强。

3.3　再生沥青微观结构与再生剂作用机理分析

为了明确再生剂的再生机理，本书使用扫描电子显微镜采集沥青表面微观形貌，分析再生剂对老化沥青常温下表面结构的影响；随后使用红外光谱确定再生剂和老化沥青混合之后的官能团变化；最后使用凝胶渗透色谱技术分析再生剂对老化沥青分子量分布的影响，验证分子动力学模拟的准确性。

3.3.1　沥青表面微观形貌分析

采用 Zeiss Sigma 300 扫描电子显微镜（SEM）［图 3-31（a）］采集沥青样品

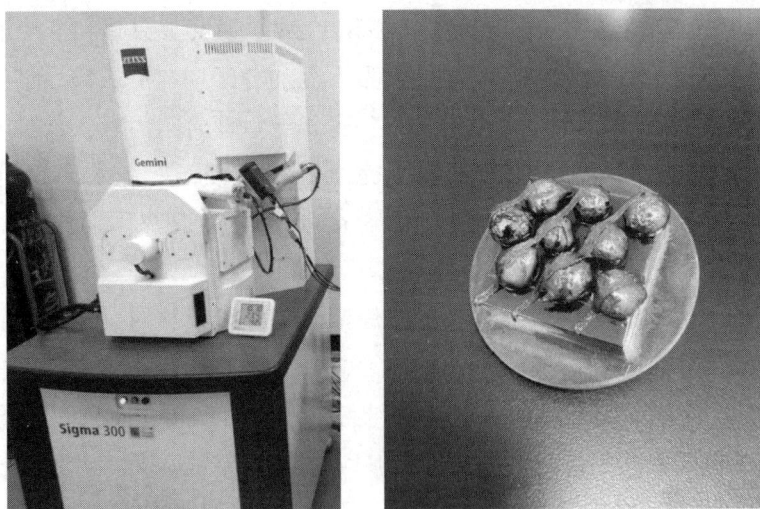

(a) 扫描电子显微镜　　　　　　　　(b) 喷铂后的样品

图 3-31　扫描电子显微镜及沥青试样

表面微观形貌，沥青试样直径 8 mm，厚 2 mm，为了使样品表面具有导电性，在测试之前需对样品表面进行喷铂处理[图 3-31(b)]，基质沥青、老化沥青和再生沥青的表面微观形貌如图 3-32、图 3-33 所示。

(a) 基质沥青

(b) 老化沥青

(c) 芳烃油再生沥青

(d) 大豆油再生沥青

(e) 自制再生剂再生沥青

图 3-32　沥青扫描电镜图像(500×)

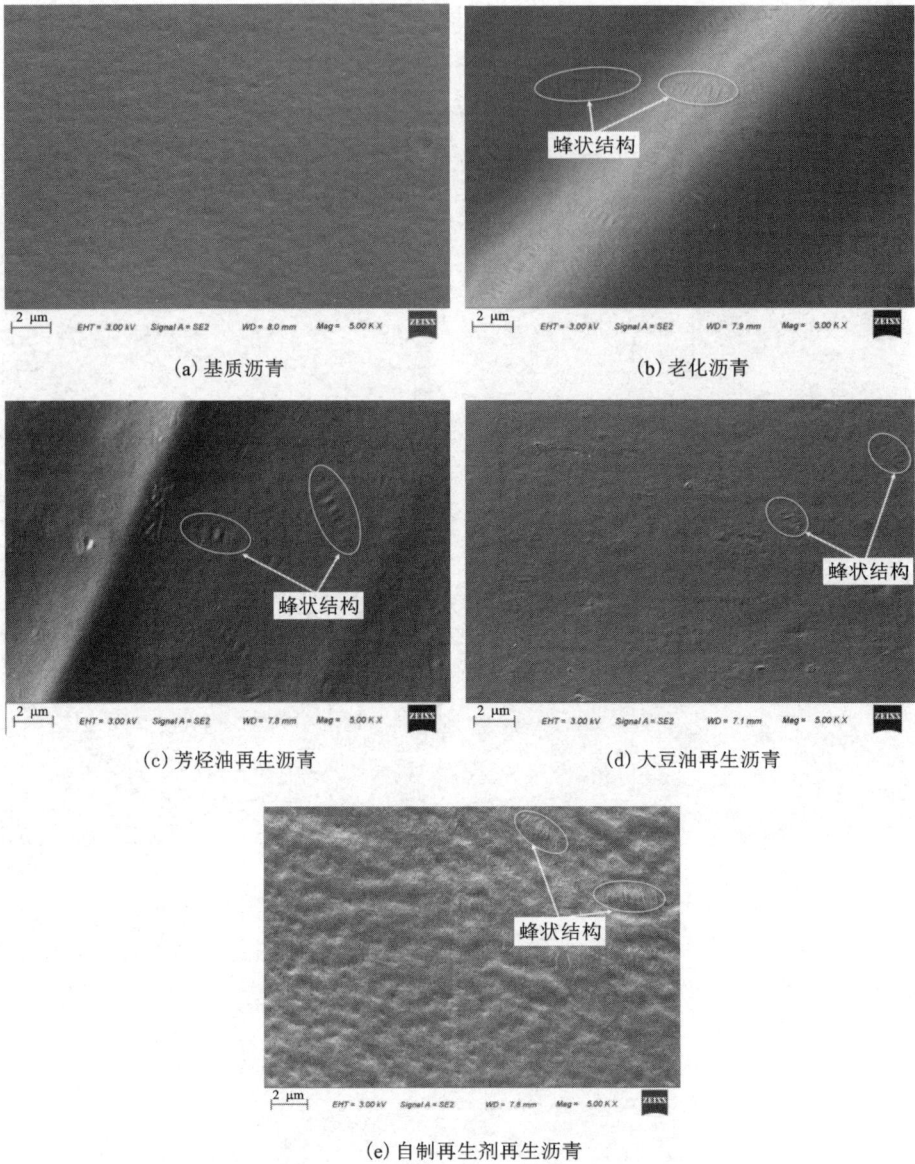

(a) 基质沥青

(b) 老化沥青

(c) 芳烃油再生沥青

(d) 大豆油再生沥青

(e) 自制再生剂再生沥青

图 3-33　沥青扫描电镜图像（5000×）

　　由图 3-32 可知，在老化沥青表面存在大面积的褶皱构造，这是由于沥青老化后轻质组分含量降低，各组分之间相容性下降，流动性变差导致的，在老化沥青表面观察到的裂缝结构，可能是在制样过程中受到外荷载作用导致老化沥青脆性开裂造成的。加入三种再生剂后，可以看到老化沥青表面的褶皱构造有所缓解，其中 7% 自制再生剂和 7% 大豆油基本可以使老化沥青的表面构造接近基质沥青水平，通过观察褶皱构造的阴影区可以发现，自制再生剂再生沥青表面最平整，褶皱构造深度最小；7% 的芳烃油可以在一定程度上降低褶皱结构的深度，难以使褶皱构造完全消失。从沥青表面褶皱构造的分布可知，大豆油和自制再生剂对于调和老化沥青组分、恢复老化沥青的流动性的效果显著优于芳烃油。

由图 3-33 可以看出，在 5000 倍放大倍率下，除基质沥青之外，老化沥青和再生沥青中均能观察到由凹凸不平的条纹构成的"蜂状结构"，且老化沥青中蜂状结构数量远大于再生沥青，王鹏等的研究表明，蜂状结构的成因可能与沥青中沥青质分子的聚集行为有关[95]。添加再生剂后，老化沥青中蜂状结构的数量降低，沥青表面趋于更加光滑，在大豆油和自制再生剂再生沥青表面的蜂状结构内部阴影区更小，出现了"溶解"的趋势，说明三种再生剂都能够起到恢复老化沥青微观形貌、解除沥青质分子团聚的作用，其中，在自制再生剂再生沥青中观察到的蜂状结构的阴影区更小，表面形貌更接近基质沥青。

3.3.2　红外光谱分析

使用 Nicolet iS50 傅立叶变换红外光谱仪 FTIR（图 3-34）测定沥青样品的官能团，测试波长范围为 $500 \sim 4000 \ cm^{-1}$，扫描次数为 32 次，红外光谱图如图 3-35 所示。

由图 3-35 可知，由于芳烃油和沥青均属于石油副产物，因此芳烃油红外光谱吸收峰基本与基质沥青吸收峰位置一致，三种再生剂和老化沥青混合后，均未在再生沥青红外光谱中观察到新的吸收峰，仅出现老化沥青中已有的吸收峰强度增强或减弱，说明三种再生剂不会与沥青发生化学反应或化学反应很弱，再生主要是物理共混过程。老化沥青经大豆油再生后 $1153 \ cm^{-1}$ 处吸收峰明显增强，这是大豆油中酯基 O—C 伸缩振动造成的；在 $1746 \ cm^{-1}$ 处出现的吸收峰属于酯基中 C =O 的伸缩振动。自制再生剂再生沥青和老化沥青红外光谱

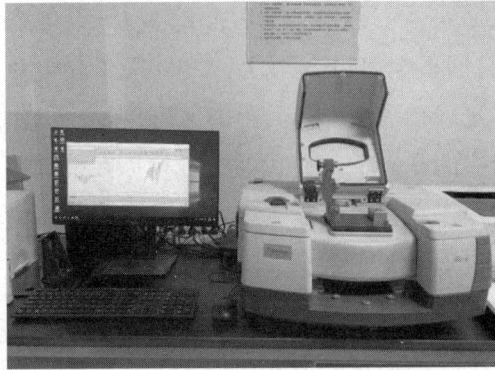

图 3-34　傅立叶变换红外光谱仪

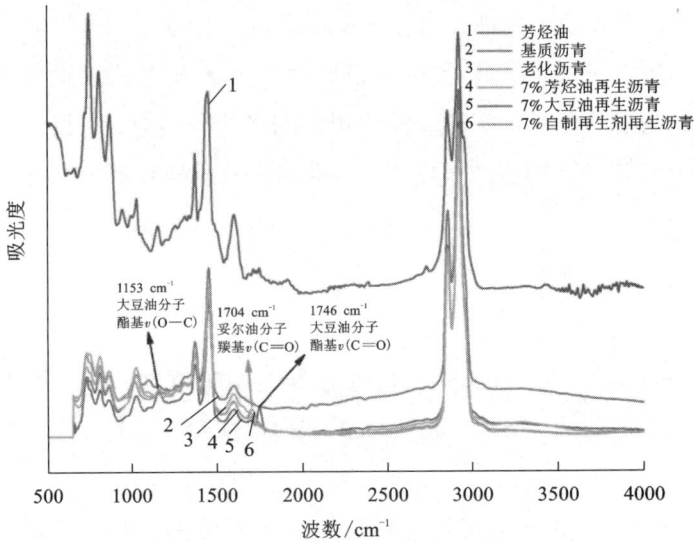

图 3-35　芳烃油和沥青 FTIR 图谱

图中区别最大的谱带位于 1704 cm^{-1} 处，此处属于羰基 C ═O 的伸缩振动，由于自制再生剂中 70% 为蒸馏妥尔油，而蒸馏妥尔油分子中含有大量的羧基，因此再生沥青 1700 cm^{-1} 附近的羰基吸收峰得到了显著增强。

3.3.3　凝胶渗透色谱(GPC)分析

使用 Waters 1515 凝胶渗透色谱仪(图 3-36)分析沥青的分子量分布,使用 THF 相溶解沥青,沥青浓度为 2 mg/mL,仪器流速为 10 mL/min,测试温度为 35 ℃,使用 Waters Breeze 软件处理测试数据。

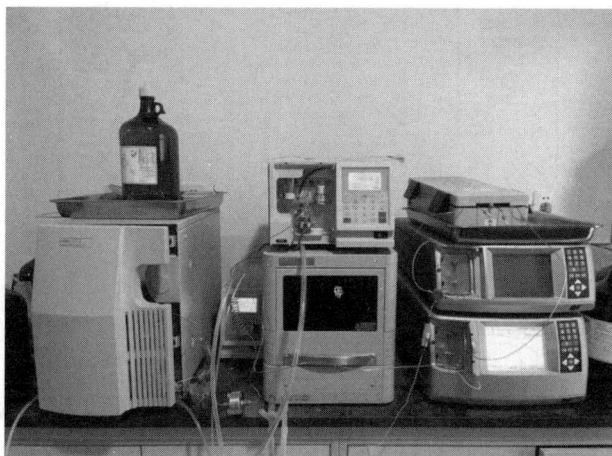

图 3-36　凝胶渗透色谱仪

GPC 曲线如图 3-37(a)所示,横坐标为小分子量的对数,纵坐标为归一化处理后的分子量微分分布,根据分子量大小,将图像分为 13 块,1~5 块为大分子(LMS),6~9 块为中分子(MMS),10~13 块为小分子(SMS),不同沥青的分子量分布计算结果如图 3-37(b)所示。由图 3-37 可知,由于老化过程中分子氧化和轻组分挥发,基质沥青中 MMS 含量和 SMS 含量显著高于老化沥青和再生沥青;由于分子氧化后极性提高,分子之间发生缔合,因此老化沥青的 LMS 占比较基质沥青提高了 64%。在 LMS 区段可以观察到自制再生剂再生沥青的分子量连续曲线在 $\lg M = 3.8$ 附近明显低于老化沥青,说明自制再生剂主要通过干扰沥青质等大分子的堆积实现降低 LMS 含量的效果,这与分子动力学模拟中观察到的沥青质堆积情况相似。由图 3-37(b)可知,三种再生剂均能降低老化沥青中 LMS 的数量,在 7% 掺量下,自制再生剂、大豆油和芳烃油分别使

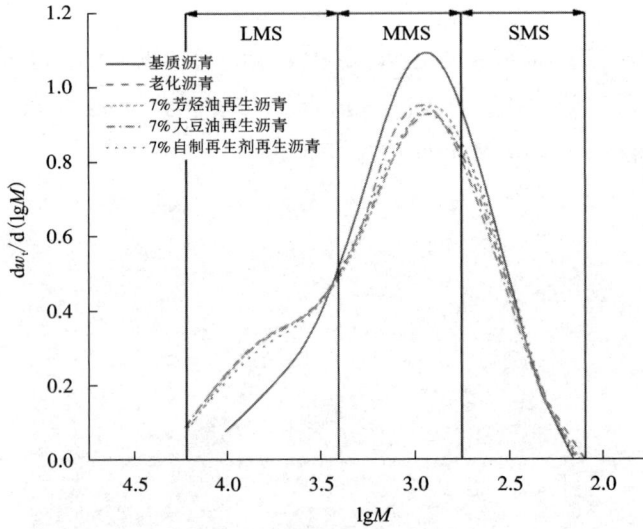

(a) 分子量连续分布

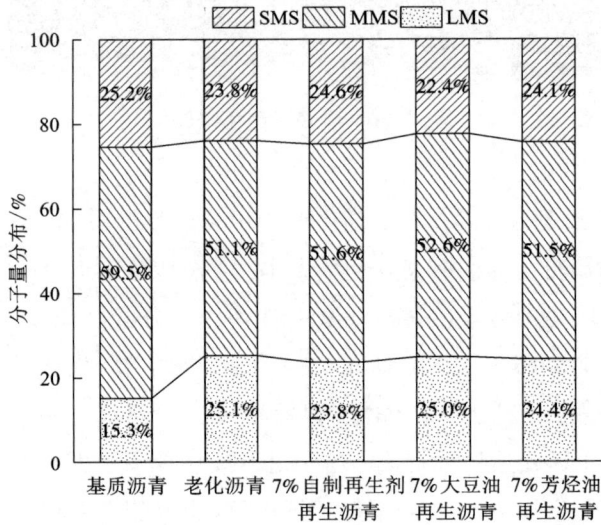

(b) 分子量定量分析

图 3-37　GPC 试验结果

老化沥青的 LMS 降低了 5.2%、0.4% 和 2.8%，说明自制再生剂解除大分子团聚的效果最好。

为分析老化沥青再生后分子量分布与沥青流变性能的关系，对老化沥青以及再生沥青的 LMS 含量和 42 ℃时沥青的 δ 和 G^* 进行回归分析，如图 3-38 所示。由图 3-38 可知，老化沥青和再生沥青的 LMS 含量与沥青的 δ 存在较强的相关性，再生沥青的 δ 随着 LMS 含量的上升而降低，与 G^* 的相关性较差。Zanzotto 等测试了不同沥青的分子量分布，发现沥青的相位角对于沥青的表观分子量分布变化比复数模量更敏感，并提出了使用相位角计算沥青表观分子量分布的方法[92]。因此，可以认为再生剂对于老化沥青分子量分布的改善效果（解聚作用）和沥青相位角产生的变化是相关的。

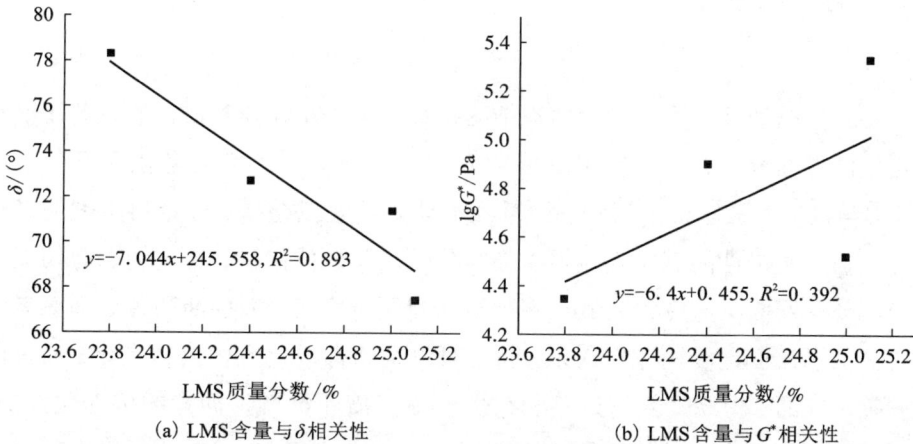

图 3-38　LMS 含量与 42 ℃时沥青流变指标的相关性

结论：（1）由于沥青老化后流动性能下降，导致老化沥青表面出现较多的褶皱构造，添加再生剂后，可以增强沥青的流动性，使沥青表面更平整；在 5000 倍扫描电镜图像中可以观察到蜂状结构的存在，老化沥青中蜂状结构最多、最清晰，在再生沥青图像中蜂状结构较少，且出现了"溶解"的趋势，说明再生剂能够在一定程度上解除沥青中大分子的团聚。

（2）红外光谱图结果表明，再生剂不与老化沥青发生化学反应或化学反应很少，在再生沥青谱图中未发现新的吸收峰，仅出现再生剂和老化沥青吸收峰的叠加。

（3）GPC 分子量测试定量分析结果显示，自制再生剂在三种再生剂中降低沥青中大分子数量的效果最明显，能够有效恢复老化沥青的分子结构，验证了分子动力学模拟的结果；在分子量为 6300 左右位置，自制再生剂解除大分子团聚的效果最好，说明自制再生剂主要通过解除沥青质二聚体的形成平衡老化沥青分子量。

（4）相关性分析结果显示，老化沥青和再生沥青的 δ 与 GPC 测试结果中的 LMS 含量存在一定相关性，自制再生剂主要通过降低老化沥青中 LMS 含量实现恢复老化沥青 δ 的效果。

3.4 本章小结

本章根据沥青和再生剂的微观结构特征，建立并验证基质沥青、老化沥青和再生沥青的分子模型，使用分子动力学方法分析再生剂对老化沥青分子结构、力学性能和黏附性的影响，参考分子动力学模拟结果，确定再生剂的基本组分。通过基本性能试验确定再生剂组分配比及最佳掺量，通过动态剪切流变仪（DSR）和弯曲梁流变仪（BBR）对比分析自制再生剂、大豆油和芳烃油对老化沥青高低温流变性能的改善效果；随后对再生沥青进行室内模拟老化，通过温度扫描、多重应力蠕变恢复试验和线性振幅扫描评价再生沥青的抗老化性能、高温蠕变性能和疲劳性能。最后使用 SEM、FTIR 和 GPC 试验分析再生剂对老化沥青微观结构的影响，确定再生剂的再生机理，主要结论如下：

（1）老化过程会削弱沥青质分子和胶质分子的相互作用，促进沥青质分子的团聚；蒸馏妥尔油通过与沥青质分子中的极性点位和稠环芳烃产生相互作用，增大沥青质分子二聚体之间的距离，实现解团聚作用。

（2）添加再生剂可以提高老化沥青分子的自由体积，恢复老化沥青的流动性；平均分子量小、分子极性低的腰果酚分子对老化沥青的软化效果更好；再生剂可以抑制极性成分在 SiO_2 表面的聚集行为，集料表面轻组分含量高的沥青往往表现出更好的黏附性能，其中腰果酚再生沥青的黏附性最好。

（3）当再生剂中蒸馏妥尔油：腰果酚＝7：3，再生剂总掺量为 7% 时，制得的再生沥青性能最优,相同再生剂掺量下,自制再生剂对于老化沥青 G^* 和 δ 的恢复效果优于大豆油和芳烃油;在低温环境或高频剪切荷载作用下,大豆油再生沥青在荷载作用下产生的形变更大,能够减缓裂缝的产生,防止沥青发生脆性破坏。

(4)MSCR 试验结果显示,大豆油和芳烃油对于老化沥青流动性能的改善效果弱于自制再生剂,自制再生剂再生沥青的高温抗塑性变形能力最接近基质沥青。

(5)植物油的热稳定性弱于芳烃油,室内老化后植物基再生剂再生沥青的 CAI 值低于芳烃油再生沥青。自制再生剂除了通过"润滑"作用提高沥青的相位角之外,还可能通过与沥青分子发生化学反应或物理相互作用,降低沥青内部大分子的比例,实现提高沥青相位角的效果。

(6)长期老化过程会提高基质沥青和自制再生剂再生沥青的疲劳寿命,降低大豆油和芳烃油再生沥青的疲劳寿命,当以长期老化后沥青的疲劳寿命作为沥青抗疲劳破坏能力的判别指标时,自制再生剂再生沥青的抗疲劳破坏能力较强。

(7)沥青老化后,表面会出现较多的褶皱构造与蜂状结构,添加再生剂可以增强沥青的流动性,使沥青表面更平整;再生沥青表面蜂状结构较少,且出现了"溶解"的趋势,说明再生剂能够在一定程度上解除沥青中大分子的团聚。

(8)红外光谱图结果表明,再生剂不与老化沥青发生化学反应或化学反应很少;GPC 分子量测试定量分析结果显示,自制再生剂在三种再生剂中降低沥青中大分子数量的效果最明显。

(9)老化沥青和再生沥青的 δ 与 GPC 测试结果中的 LMS 含量存在一定相关性,自制再生剂主要通过降低老化沥青中 LMS 含量实现恢复老化沥青 δ 的效果。

第4章 桐油复合再生剂组成设计与再生沥青性能

4.1 桐油复合再生剂材料组成设计优选及性能评价研究

4.1.1 原材料与技术性能

1.桐油

本次试验选择桐油作为基础油分，所用桐油源自四川绵阳的川陕土漆桐油厂，按照再生技术规范与中华人民共和国国家标准《桐油》（GB 8277—1987）规范以及结合所测桐油各性能指标，其主要技术指标与测试结果如表4-1所示。

表4-1 桐油技术指标

技术指标	单位	测试值	建议值
外观	—	黄色透明液体	液体
密度	g/cm³	0.943	实测记录
透明度(22 ℃室温下，静置24 h)	—	透明	
气味		具有桐油固有的特殊气味、无异味	

2. 增塑剂

增塑剂可以增强沥青组分之间的分子运动能力，对大分子沥青质的连接点会起到部分溶解作用，从而引起沥青质大分子断开，提高沥青的柔韧性和拉伸性，同时增塑剂也可以改善沥青的低温抗裂性[96]。目前增塑剂的种类丰富，本书选择邻苯二甲酸二辛酯（DOP）作为再生剂的增塑剂，无色油状液体，分析纯生产者为无锡宜兴亚泰化工生产厂有限公司。

3. 增黏树脂

增黏树脂的主要作用是提高再生剂的黏度，对高温稳定性有利，同时可以增强再生剂原材料之间的相容性。武汉理工大学的万贵稳研究发现，C9 石油树脂是效果最佳的一种增黏树脂[97]，所以本书选择 C9 石油树脂。

4. 有机蒙脱土

为了增强再生剂的抗老化性能，本书选择有机蒙脱土（OMMT）作抗老化剂。该有机蒙脱土（OMMT）生产者为河北瑞鑫矿产品加工厂，蒙脱石质量分数≥99%，密度为 1.02 g/cm^3，白色粉末，平均粒度为 8000 目。

4.1.2　老化沥青的制备与性能评价研究

1. 基质沥青

本研究采用由湖南宝利国际提供的 70 号 A 级道路石油沥青作为基质沥青，其基本性能指标如表 4-2 所示，均满足规范要求。

2. 老化沥青的制备

目前制备老化沥青主要有两种方式，一种是回收应用于实际道路的废旧沥青混合料，另一种通过室内试验模拟老化过程获得老化沥青。而回收废旧沥青混合料需要先将沥青混合料溶于三氯乙烯，然后通过抽提、分离、蒸发等步骤获得老化沥青，该步骤非常烦琐复杂且效率低；人工模拟老化沥青是通过在实验室条件下对沥青进行模拟，可以短时间内获得老化沥青，并且所获老化沥青基本性能试验数据与沥青路面实际使用年限的性能指标基本一致，该方法周期短，性能稳定，操作简单，是目前国内外普遍采用的方法。

表 4-2　基质沥青主要技术指标

项目	单位	指标	结果	试验方法
针入度(25 ℃, 100 g, 5 s)	0.1 mm	60~80	68.7	T0604—2011
15 ℃延度(5 cm/min)	cm	≥100	>100	T0605—2011
软化点(环与球法)	℃	≥46	48	T0606—2011
密度(15 ℃)	g/cm³	实测记录	1.035	T0603—2011
闪点(开口式)	℃	≥260	280	T0611—2011
溶解度(三氯乙烯)	%	≥99.5	99.95	T0607—2011
含蜡量(蒸馏法)	%	≤2.2	1.66	T0615—2011

根据相关规范(JTGE 20—2011)的试验方法要求，采用实验室模拟加速老化试验方法制备老化沥青。具体操作步骤：首先通过旋转薄膜烘箱加热试验(RTFOT)老化，后置于压力老化容器加速沥青老化试验(PAV)老化。为了研究不同老化程度老化沥青的变化规律，本书采用以下几种类型：

老化沥青 A：将 70 号基质沥青经 RTFOT 老化 75 min；

老化沥青 B：先将 70 号基质沥青经 RTFOT 老化 75 min，后经 PAV 老化 20 h；

老化沥青 C：先将 70 号基质沥青经 RTFOT 老化 75 min，后经 PAV 老化 40 h。

以上得到不同老化程度的老化沥青，正交试验采用老化沥青 B，其性能指标测试结果如表 4-3 所示。

表 4-3　老化沥青 B 性能指标测试结果

项目	单位	测试结果	试验方法
针入度(25 ℃, 100 g, 5 s)	0.1 mm	21.1	T0604—2011
15 ℃延度(5 cm/min)	cm	5.6	T0605—2011
软化点(环与球法)	℃	65.6	T0606—2011
135 ℃黏度	mPa·s	936	T0625—2011

4.1.3　再生剂原材料配比的优选

1. 试验方法

(1)为了保证试验结果的可靠性,本试验采用的老化沥青 B 均由上述实验室模拟加速老化试验方法所制得,其基本性质如表 4-3 所示。

(2)按照正交试验设计表各材料的配比准备 9 种不同比例的再生剂。

(3)称取 250 g 老化沥青 B,加热至流动状态且置于 135 ℃保温,将配制好的桐油复合再生剂加入老化沥青 B,利用高速剪切仪剪切 10 min(剪切速率为 3000 r/min),其余不同比例再生沥青采取同样制备方法。

(4)测试各再生沥青试样的指标并分析。

2. 正交试验

本研究以桐油、邻苯二甲酸二辛酯(DOP)、C9 石油树脂、OMMT 的含量为主要因素,通过正交试验设计以沥青再生后所测得的软化点、针入度、延度、黏度为评判指标,确定桐油复合再生剂各因素的最佳水平。正交试验设计因子水平表见表 4-4 所示。

表 4-4　正交试验设计因子水平表

水平/%	因素			
	桐油（A）	增塑剂（B）	C9 石油树脂（C）	有机蒙脱土（D）
水平 1	75	10	14	1
水平 2	70	15	10	5
水平 3	65	20	6	9

本研究按照表 4-5 进行试验，分析各因素对再生沥青所测得的软化点、针入度、延度及黏度的影响，确定桐油复合再生剂各因素的最佳材料配比。正交试验方案及结果见表 4-5 所示。

表 4-5　正交试验方案及结果分析表

试验号		桐油（A）	DOP（B）	C9 石油树脂（C）	OMMT（D）	软化点/℃	针入度/0.1 mm	延度/cm	黏度/(mPa·s)
1		75	10	14	1	48.4	93.5	143.6	480
2		75	15	10	5	47	100.1	138.2	455
3		75	20	6	9	45.1	130.0	142.6	404
4		70	10	10	9	46.6	145.2	125.4	447
5		70	15	6	1	46.7	103.2	134.3	426
6		70	20	14	5	48.4	82.5	121.0	477.5
7		65	10	6	5	46.5	99.6	117.4	451
8		65	15	14	9	47.2	98.9	119.3	483
9		65	20	10	1	48.2	86.0	97.6	505
软化点	K_1	46.8	47.2	48	47.8				
	K_2	47.2	46.9	46.3	47.3	$A_1B_1C_3D_3$			
	K_3	47.3	47.2	46.1	46.3				
	Ra	0.5	0.3	1.9	1.5				

续表4-5

试验号		桐油 （A）	DOP （B）	C9 石油 树脂（C）	OMMT （D）	软化点/ ℃	针入度/ 0.1 mm	延度/ cm	黏度/ (mPa·s)
针入度	K_1	107.9	91.6	91.6	94.2				
	K_2	110.3	100.7	110.4	94.1	$A_2B_2C_3D_2$			
	K_3	94.8	99.5	110.9	124.7				
	Ra	15.5	9.1	19.3	30.5				
延度	K_1	141.5	128.8	128.0	125.2				
	K_2	126.9	130.6	120.4	125.5	$A_1B_2C_3D_3$			
	K_3	111.4	120.4	131.1	129.1				
	Ra	30.1	10.1	11	3.9				
黏度	K_1	446.3	459.3	480.2	470.3				
	K_2	450.2	454.7	469	461.2	$A_1B_2C_3D_3$			
	K_3	479.7	462.2	427	444.7				
	Ra	33.4	7.5	53.2	25.6				

3. 正交试验结果分析

通过对均值 K_1、K_2、K_3 的比较分析，可以确定出最优组合方案。为了使老化沥青的各物理性能达到最佳恢复效果，桐油复合再生剂的掺入应尽量保证老化沥青的针入度与延度的增大，软化点和黏度的降低。

根据表4-5 的正交试验结果分析可知，桐油复合再生剂对老化沥青物理性能的恢复程度，对应因素 A(桐油)有 $K_1>K_2>K_3$，因素 B(DOP)有 $K_2>K_1>K_3$，因素 C(C9 石油树脂)有 $K_3>K_2>K_1$，因素 D(OMMT)有 $K_3>K_2>K_1$。根据反映物理性能的所有指标得出，软化点的最优组合是 $A_1B_1C_3D_3$ 或者 $A_2B_1C_3D_3$，针入度的最优组合是 $A_2B_2C_3D_2$ 或者 $A_2B_2C_2D_2$，而延度和黏度的最优组合均是 $A_1B_2C_3D_3$。由此发现，最终各指标的最优组合略有差异，所以为了更好地反映各因素的最佳作用效果，综合分析桐油复合再生剂的各因素变化趋势，将各因素的水平变化对各物理指标的影响使用图形分析加以确定，如图 4-1 至图 4-4 所示。

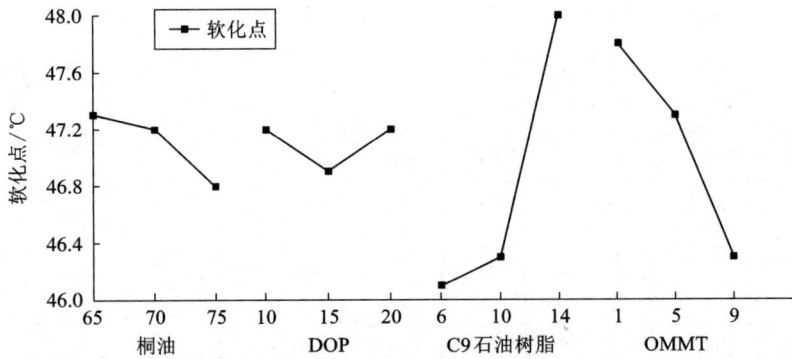

图 4-1　各因素对软化点的影响规律

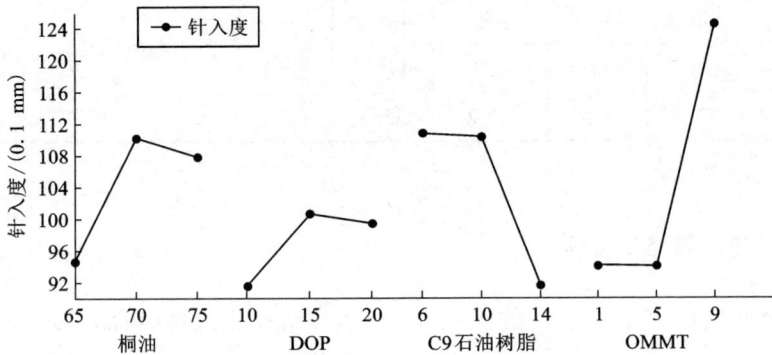

图 4-2　各因素对针入度的影响规律

（1）桐油对各指标的影响

极差的大小可以表示影响各因素的主次。从表 4-5 发现，对应因素 A 桐油，黏度的极差最大，表明桐油对黏度的影响最大，即降低黏度的作用最明显。从图 4-4 得出桐油取 75%时黏度最优，由图 4-1 与图 4-3 可知，相对于延度与软化点指标而言，桐油取 75%最好，最后由图 4-2 发现桐油取 70%时对于针入度指标的作用效果最佳，但是由于桐油从 70%上升到 75%时，针入度变化相对较小，而延度、黏度以及软化点变化幅度相对较大，因此综合分析各个指标，桐油取 75%最佳。

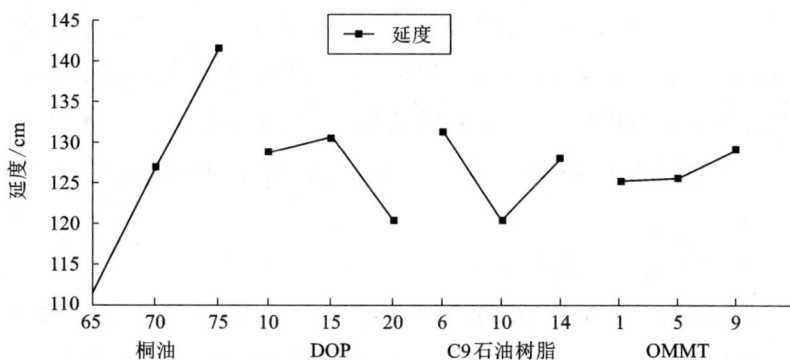

图 4-3　各因素对延度的影响规律

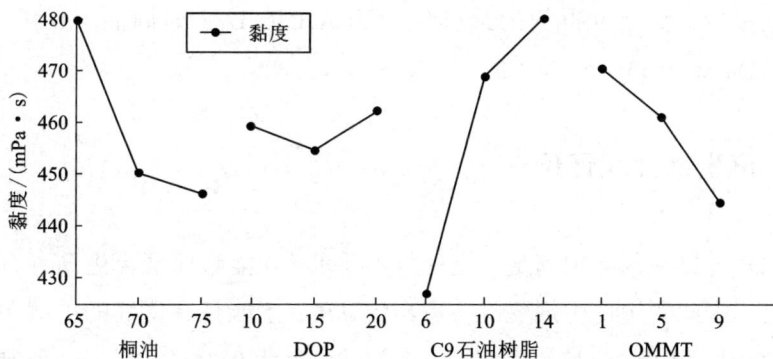

图 4-4　各因素对黏度的影响规律

（2）DOP 对各指标的影响

从表 4-5 可以得出，DOP 在延度指标的极差最大，表明对延度的贡献率最大。这是因为邻苯二甲酸二辛酯（DOP）可以降低沥青的黏度，增强流动性，从而显著提高沥青抵抗塑性变形的能力，最终改善沥青的低温延展性。从图 4-1 至图 4-4 可以看出，随着 DOP 含量的增加，软化点与黏度指标都呈现先降低后增大的趋势，针入度与延度指标是先升高后降低，表明 DOP 使老化沥青得到最佳改善后开始出现不利影响，所以 DOP 取 15% 为最优的。

（3）C9石油树脂对各指标的影响

从表4-5可以得出，C9石油树脂对于黏度指标极差最大，表明C9石油树脂的加入，对黏度的影响作用较大。随着C9石油树脂含量的增加，黏度直线上升，所以从图4-4可以得出，C9石油树脂取6%为最优，从图4-1、图4-2、图4-3得出，遵循软化点最小、针入度和延度最大的原则，C9石油树脂取6%最佳。

（4）OMMT对各指标的影响

从表4-5可以发现，OMMT的掺入，使针入度指标的极差最大，表明OMMT对再生剂与老化沥青的温度敏感性影响较大。从图4-1至图4-4发现，随着OMMT含量的增加，软化点与黏度逐渐减小，针入度与延度逐渐增大，但是延度的变化幅度很小，说明OMMT可以使老化沥青得到一定程度的恢复，综合分析考虑，OMMT取9%为最好。

综上分析，复合再生剂的最佳组合为$A_1B_2C_3D_3$，即桐油：DOP：C9石油树脂：OMMT＝25：5：2：3。

4.1.4 再生剂性能评价

桐油复合再生剂必须满足一定的技术要求，才能够保证再生沥青有更优的综合性能。因此所用再生剂要具备适当的黏度，才能具有良好的扩散和渗透能力，同济大学吕伟民[98]研究发现，再生剂的黏度为0.1~20 Pa·s，所制备再生沥青的性能较好。同时再生剂要有一定溶解沥青的能力，保持芳香分和饱和分的含量比例适宜。此外，还要具备优良的抗老化能力、较高的施工安全性、环保性、经济性等。

按照《公路工程沥青及沥青混合料试验规程》（JTG E20—2011），通过室内试验黏度、闪点、旋转薄膜烘箱老化后的质量损失率、黏度比等多个指标分析确定桐油复合再生剂性能技术要求，如表4-6所示。

由表4-6可知，桐油复合再生剂的基本性能指标均满足《公路沥青路面再生技术规范》（JTG/T 5521—2019）要求，具有良好的综合性能，为恢复老化沥青的整体性能奠定了基础。

表 4-6　桐油复合再生剂基本性能指标

测试项目	再生剂标准	测试结果	测试方法
60 ℃黏度/(mPa·s)	实测	0.34	T0625—2011
闪点/℃	≥220	260	T0611—2011
旋转薄膜烘箱前后黏度比	≤3	1.36	T0625—2011
旋转薄膜烘箱前后质量损失率/%	≤3，≥-3	0.05	T0610—2011

4.2　再生沥青的流变性能研究

4.2.1　再生沥青的制备

桐油复合再生剂为第一节正交试验确定的最佳材料配比。再生沥青制备过程如下：

（1）首先按照第一节正交试验设计确定的桐油复合再生剂的最佳材料配比，称取各原材料备用。

（2）将萃取好的桐油加热至 160 ℃且控制温度不变，依次加入 C9 石油树脂、OMMT、DOP，利用高速剪切仪剪切 10 min（剪切速率为 3000 r/min），即得到桐油复合再生剂。

（3）称取提前放入 135 ℃烘箱中保温至流动状态的老化沥青 250 g，置于电炉上并持续保温 135~140 ℃，利用玻璃棒匀速搅拌的同时用温度计监测温度。

（4）将制好的桐油复合再生剂（掺量分别为 4%、6%、8%、10%、12%）加入流动状态的老化沥青中，利用高速剪切仪剪切 20 min（剪切速率为 3000 r/min），随后再剪切 10 min（剪切速率为 500 r/min），目的是排除再生沥青中的气泡，最后关闭剪切仪，即得到再生沥青，随后按照以上步骤制备其余再生沥青。

为了后文表述简单，再生沥青主要依据老化沥青的老化程度和再生剂掺量命名，例如老化沥青 B 与 4% 桐油复合再生剂共混得到再生沥青，可标记为 B-4%，则其余再生沥青分别可记为 B-6%、B-8%、B-10%、B-12%，C-6%、C-8%、C-10%、C-12%。

4.2.2　布氏旋转黏度

采用 Brookfield DV-Ⅱ型旋转黏度仪测试沥青的黏度，试验温度为 135 ℃，基质沥青、不同老化程度老化沥青与不同掺量桐油复合再生剂再生沥青的黏度测试结果如图 4-5 和图 4-6 所示。

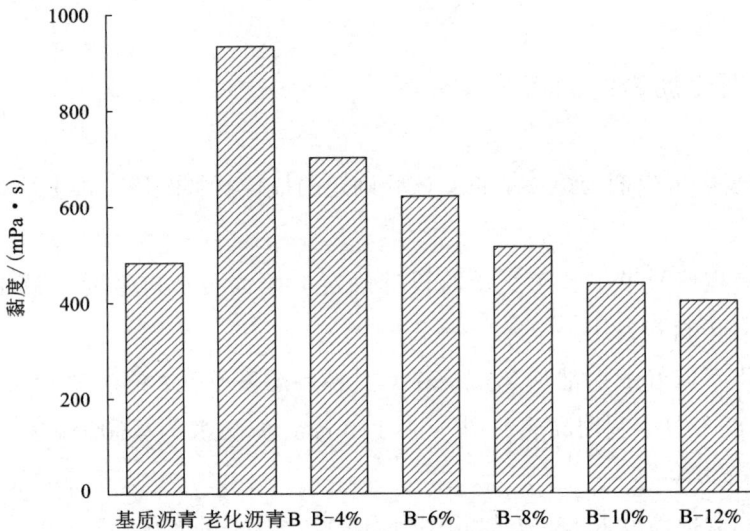

图 4-5　老化沥青 B 再生后的黏度

一般黏度越大，沥青抵抗变形的能力越强。由图 4-5 与图 4-6 可知，沥青随着老化程度的加深，黏度越来越大，桐油复合再生剂的掺入，使老化沥青 B 与老化沥青 C 的黏度逐渐降低。随着桐油复合再生剂掺量的增加，再生沥青的黏度逐渐向基质沥青水平靠近。当桐油复合再生剂的掺量在 8% 时，B-8% 的黏度比基质沥青增大 6.2%；当桐油复合再生剂掺量为 10% 时，C-10% 比基质沥

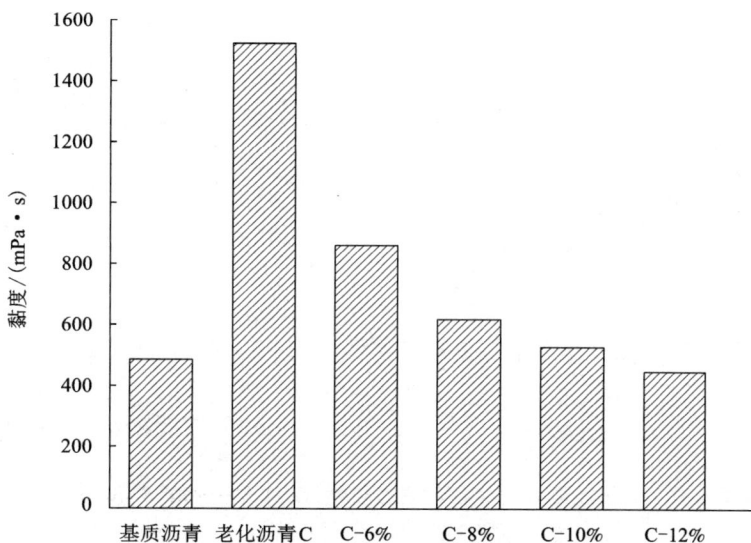

图 4-6　老化沥青 C 再生后的黏度

青的黏度增大 9.5%，表明桐油复合再生剂能够使老化沥青 B 与老化沥青 C 的黏度略高于基质沥青。这是因为桐油复合再生剂中的 C9 石油树脂可以提高再生剂的黏度，从而提高再生沥青的黏度。

4.2.3　再生沥青的高温流变性能

针对基质沥青、短期老化(RTFOT)沥青和长期老化(PAV)沥青采用动态剪切流变仪(DSR)进行试验，研究基质沥青、不同老化程度老化沥青与不同掺量桐油复合再生剂的再生沥青的高温流变性能。

1. 复数模量和相位角

从图 4-7(a)和图 4-8(a)发现，老化沥青 C 的 G^* 比老化沥青 B 高出几倍，说明沥青的 G^* 随着沥青老化程度的加深而逐渐增大。随着不同掺量桐油复合再生剂的掺入，再生沥青的 G^* 逐渐降低向基质沥青靠近，与老化沥青 B 再生后的变化规律一致。C-10% 的 G^* 与基质沥青相似，略高于基质沥青，表明桐

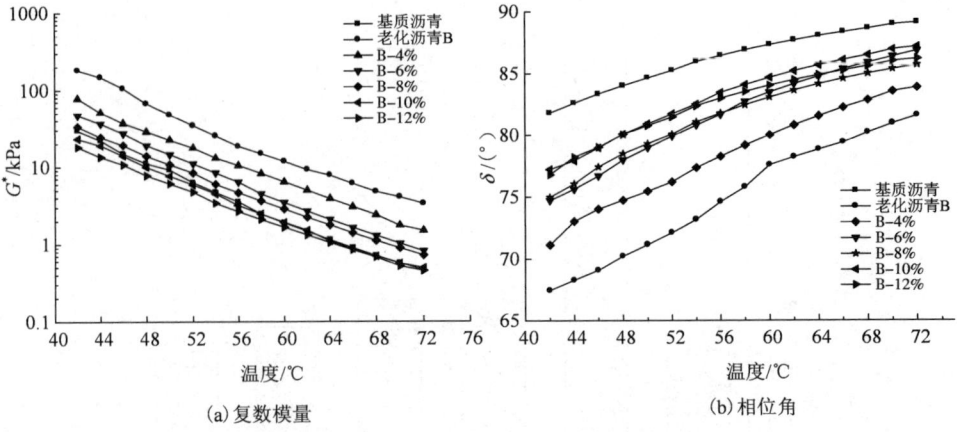

(a) 复数模量

(b) 相位角

图 4-7 老化沥青 B 再生后的复数模量(G^*)、相位角(δ)试验结果

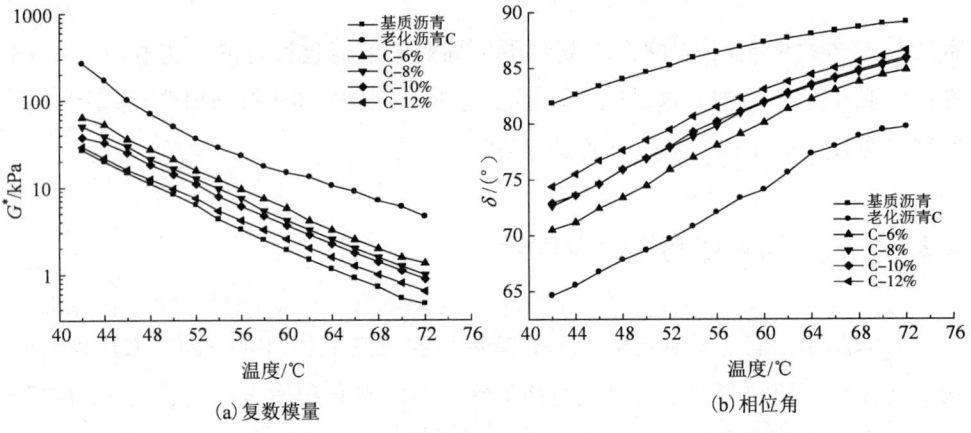

(a) 复数模量

(b) 相位角

图 4-8 老化沥青 C 再生后的复数模量(G^*)、相位角(δ)试验结果

油复合再生剂能够恢复老化沥青 C 的流变性，因此，桐油复合再生剂的掺入可以恢复不同老化程度老化沥青的流变特性。

由图 4-7(b)与图 4-8(b)可知，基质沥青、老化沥青 B、老化沥青 C 以及所有再生沥青的 δ 随温度的升高而增大，温度越高，δ 越接近 90°，说明沥青的黏性成分增加，弹性成分减少，沥青材料的变形恢复能力变差。沥青老化后 δ 减小，并且老化沥青 C 的 δ 比老化沥青 B 的 δ 更小，随着老化程度的加深，沥青中的更多黏性成分转变为弹性成分，沥青的变形恢复能力更强。随着桐油复合再生剂掺量的增加，两种再生沥青的 δ 均增大，而且再生沥青的相位角 δ 均仍小于基质沥青，表明再生沥青的弹性恢复优于基质沥青。

2. 车辙因子

车辙因子（$G^*/\sin\delta$）是表征沥青抗车辙能力的重要参数，高温下 $G^*/\sin\delta$ 越大，沥青的抗车辙能力越好。图 4-9 和图 4-10 是基质沥青、不同老化沥青与不同掺量桐油复合再生剂的再生沥青的 $G^*/\sin\delta$ 随温度变化的结果。

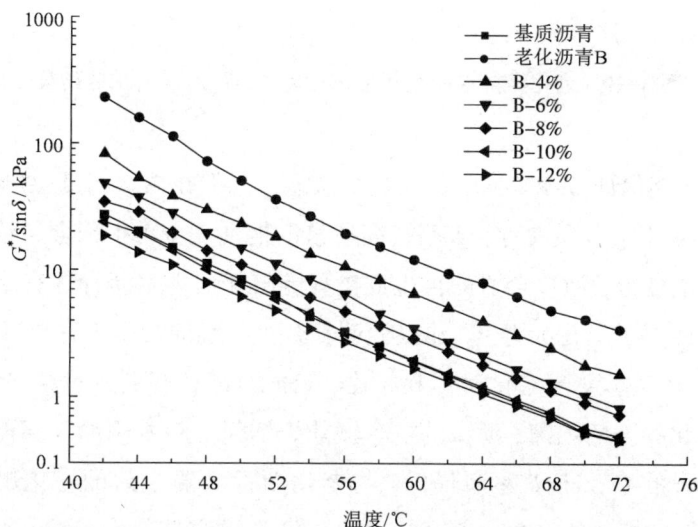

图 4-9　老化沥青 B 再生后的车辙因子（$G^*/\sin\delta$）试验结果

由图 4-9 可知，随着温度升高，所有沥青的 $G^*/\sin\delta$ 逐渐降低，老化沥青 B 的 $G^*/\sin\delta$ 最大，表明抗车辙能力最好。随着桐油复合再生剂掺量的增加，再生沥青的 $G^*/\sin\delta$ 逐渐降低并向基质沥青水平靠近，桐油复合再生剂有效恢复了老化沥青 B 的高温流变性能。B-8% 的 $G^*/\sin\delta$ 比基质沥青高出 7.9%，这是因为桐油复合再生剂中的桐油与 C9 石油树脂均对沥青的高温稳定性有

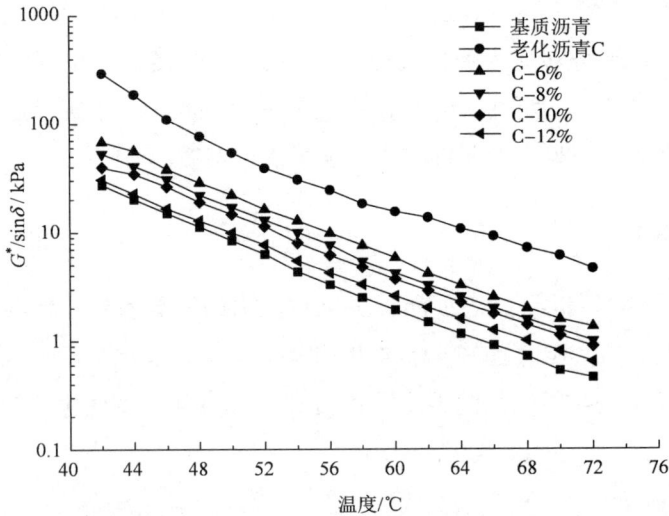

图 4-10 老化沥青 C 再生后的车辙因子($G^*/\sin\delta$)试验结果

利,所以才能够保证 B-8% 有足够的抗车辙能力。但在掺量超过 8% 后,再生沥青的 $G^*/\sin\delta$ 小于基质沥青,表明过高掺量的桐油复合再生剂会导致再生沥青的抗车辙性能变差,所以合适的再生剂掺量能够保证再生沥青具有足够的抗车辙能力。因此对于老化沥青 B,建议桐油复合再生剂的掺量不宜超过 8%。

由图 4-10 发现,与老化沥青 B 相比,老化沥青 C 有更高的 $G^*/\sin\delta$,说明随着沥青老化程度的加深,沥青的抗车辙能力增强。随着桐油复合再生剂的掺入,再生沥青的 $G^*/\sin\delta$ 逐渐降低,与老化沥青 B 再生后的变化规律基本一致,过多掺量的桐油复合再生剂会导致再生沥青更容易产生车辙,所以合适的再生剂掺量能够保证再生沥青具有足够的抗车辙能力。C-10% 比基质沥青有较高的 $G^*/\sin\delta$,表明桐油复合再生剂能够恢复老化沥青 C 的流动性,同时可以在某种程度上保留老化沥青优良的抗车辙性能。

3. 疲劳因子

采用疲劳因子($G^*\sin\delta$)表征沥青的抵抗疲劳开裂能力,$G^*\sin\delta$ 越小,表明沥青路面在加载过程中的损失模量较小,沥青抵抗疲劳开裂能力较强。

图 4-11 和图 4-12 为基质沥青、老化沥青与不同掺量桐油复合再生剂的再生沥青的 $G^* \sin\delta$ 随温度变化的趋势图。

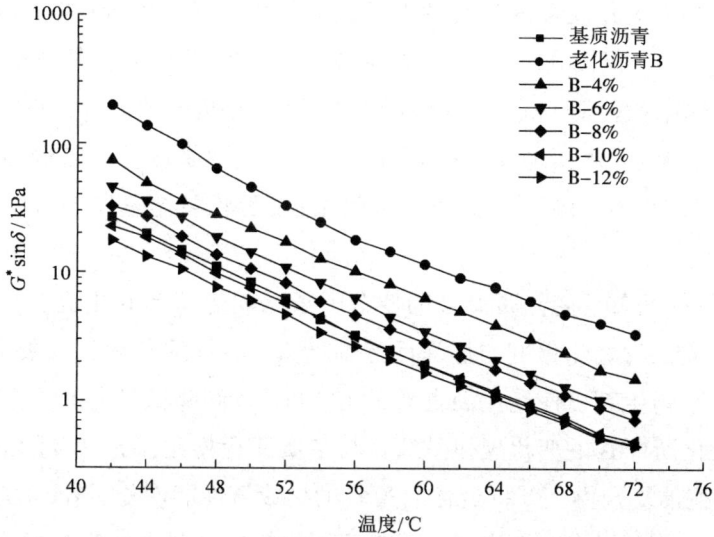

图 4-11　老化沥青 B 再生后的疲劳因子($G^* \sin\delta$)试验结果对比

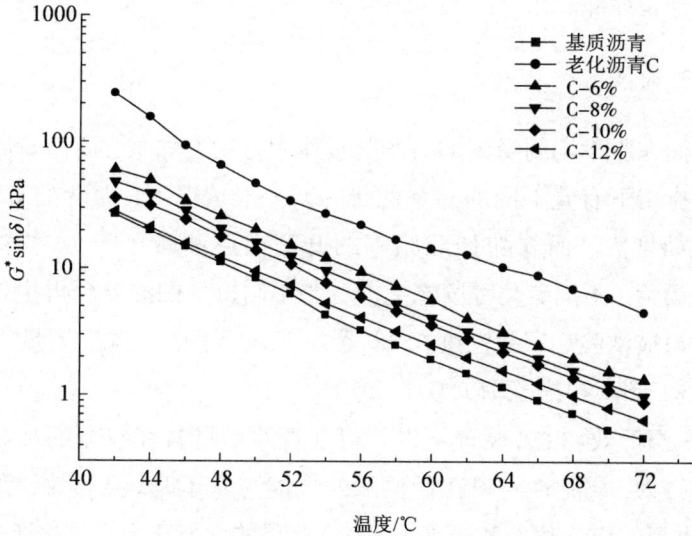

图 4-12　老化沥青 C 再生后的疲劳因子($G^* \sin\delta$)试验结果对比

由图 4-11 可知, 所有再生沥青的 $G^* \sin\delta$ 随着温度的上升而下降, 其中老化沥青 B 的 $G^* \sin\delta$ 最大, 抗疲劳开裂能力最差。随着桐油复合再生剂掺量的增加, 再生沥青的 $G^* \sin\delta$ 明显降低且向基质沥青的趋势方向靠近, 表明桐油复合再生剂恢复老化沥青 B 的抗疲劳开裂的效果显著。B-8% 的 $G^* \sin\delta$ 与基质沥青十分接近, 但以 42 ℃ 为例, 桐油复合再生剂将老化沥青 B 的抗疲劳性能恢复至 82%, 在较低的范围内(42~54 ℃)比较接近基质沥青, 但是在高温范围内(54 ℃ 以上)老化沥青 B 的抗疲劳性能的恢复效果较差。当桐油复合再生剂的掺量超过 8% 时, 再生沥青的抗疲劳性能能够恢复至基质沥青水平甚至优于基质沥青。

由图 4-12 可知, 老化沥青 C 的疲劳因子比老化沥青 B 更高, 说明沥青的疲劳因子随着沥青老化程度的加深而逐渐增大, 沥青的抗疲劳开裂能力更差。加入桐油复合再生剂可使老化沥青 C 的 $G^* \sin\delta$ 逐渐降低且向基质沥青水平靠近, 这与老化沥青 B 的变化规律一致。与基质沥青相比, C-10% 的 $G^* \sin\delta$ 高 35%, 表明桐油复合再生剂将老化沥青 C 的抗疲劳性能恢复了 65% 左右。虽然在一定程度上恢复了老化沥青 C 的抗疲劳性, 但是与老化沥青 B 相比, 其恢复效果较差, 可能是因为老化沥青 C 的老化程度更严重, 10% 再生剂难以完全恢复其抗疲劳开裂性能。

4. 沥青主曲线

沥青路面在服役期间受到的行车荷载作用是动态加载, 而沥青路面在不同加载频率的作用下有着不同的黏弹性行为。一般情况下, 沥青的 G^* 会随加载频率的增大而增大, 而 δ 随加载频率的升高而逐渐减小[99]。本节主要通过 DSR 对基质沥青、不同老化程度老化沥青与不同掺量桐油复合再生剂的再生沥青进行频率扫描试验。试验温度在 28 至 76 ℃ 的范围内, 温度增量为 12 ℃, 应变控制为 6%, 频率扫描范围为 0.1~10 Hz。

基于时-温等效(TTS)原理可以获得沥青路面材料在较宽的加载频率范围内的黏弹性行为, 黏弹性材料在低温下的性能与基于时-温等效原理的短加载时间(或者更高的应变速率和更高的频率)获得的性能相当, 因此沥青在不同温度和频率下的性能可以通过主曲线分析评价。以时-温等效(TTS)原理为基准, 通过位移因子将温度和加载频率对沥青材料的影响转化为缩减频率, 缩减频率见式(4-1)：

$$\omega_r = \omega \times \alpha_T \tag{4-1}$$

式中，ω_r 是缩减频率，ω 是频率；α_T 是时-温位移因子。

本书主曲线的时-位移因子通过 Williams-Landel-Ferry（WLF）模型得到[100]，见式(4-2)。

$$\lg \alpha_T = \frac{-C_1(T - T_{ref})}{C_2 + T - T_{ref}} \tag{4-2}$$

式中，α_T 是对应温度 T 下的位移因子；T_{ref} 是参考温度，℃；C_1、C_2 是取决于参考温度的常数。C_1、$C_2 \approx 900$。

α_T 也可以用 Arrhenius 方程(4-3)得到：

$$\alpha_T = \exp\left[\frac{\Delta H}{R}\left(\frac{1}{T + 273} - \frac{1}{T_0 + 273}\right)\right] \tag{4-3}$$

式中，ΔH 为材料的表面活化能，J/mol；R 是通用气体常数，$8.314 \ \mathrm{mol^{-1} \cdot K^{-1}}$。通过规划求解构建平滑复数模量 G^* 与相位角 δ 主曲线。

（1）复数模量主曲线

对照基质沥青、不同老化程度老化沥青与不同掺量桐油复合再生剂的再生沥青在 20 ℃参考温度下构建的复数模量主曲线如图 4-13 至图 4-14 所示。

由图 4-13 可知，与基质沥青相比，老化沥青 B 显示出更高的复数模量，这是由于轻质化合物的损失和刚度的增加，并且较高的复数模量在低频下（高温下）有利于抗车辙性。由图 4-13 看出，随着桐油复合再生剂掺量的增加，沥青的 G^* 均向基质沥青方向偏移，且再生沥青的 G^* 随频率的增大而增大，意味着在高频状态（低温下）时沥青具有抵抗路面变形的优势。随着加载频率的降低（温度的升高），再生沥青的 G^* 随之降低，B-8% 的 G^* 最接近基质沥青，表明再生剂的加入可以将老化沥青的 G^* 恢复至稍高于基质沥青水平。

由图 4-14 可知，与老化沥青 B 相比，老化沥青 C 的 G^* 更高，说明沥青老化程度越深，沥青的抗车辙性能越好。桐油复合再生剂的掺入可使老化沥青 C 的 G^* 降低并向基质沥青靠近，过高掺量桐油复合再生剂使沥青的抗车辙能力减弱，所以对于老化沥青 C，以 10% 的桐油复合再生剂掺量为宜。桐油复合再生剂的加入导致再生沥青在高频范围内 G^* 稍低于基质沥青，在低频范围内 G^* 稍高于基质沥青，表明桐油复合再生剂能够显著恢复老化沥青 C 的抗车辙

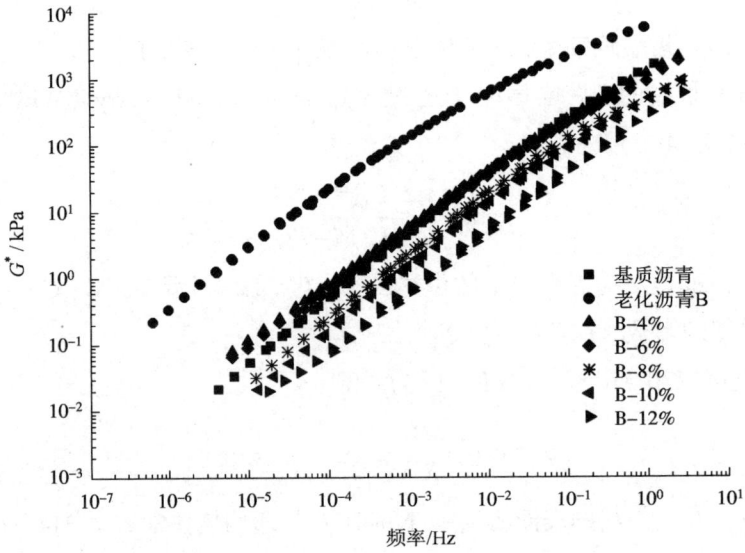

图 4-13 老化沥青 B 再生后的复数模量主曲线

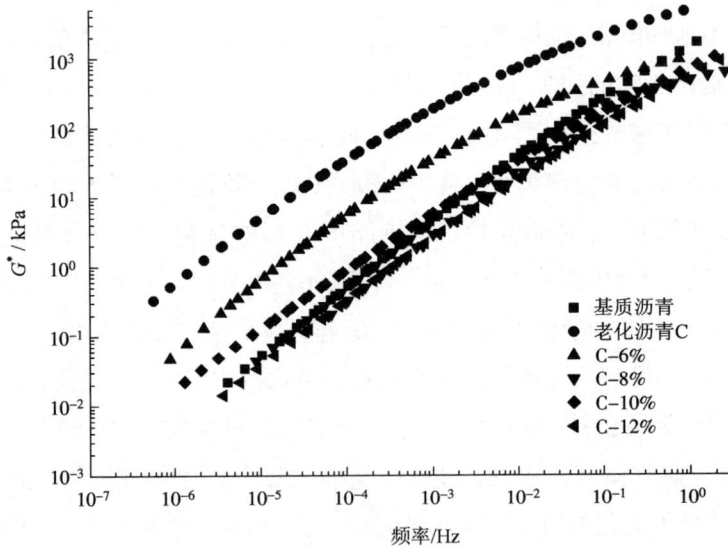

图 4-14 老化沥青 C 再生后的复数模量主曲线

能力。

（2）相位角主曲线

相位角(δ)可用来研究桐油复合再生剂对老化沥青黏弹性的影响。对照基质沥青、不同老化程度老化沥青与不同掺量桐油复合再生剂的再生沥青在 20 ℃参考温度下构建的相位角主曲线如图 4-15 和图 4-16 所示。

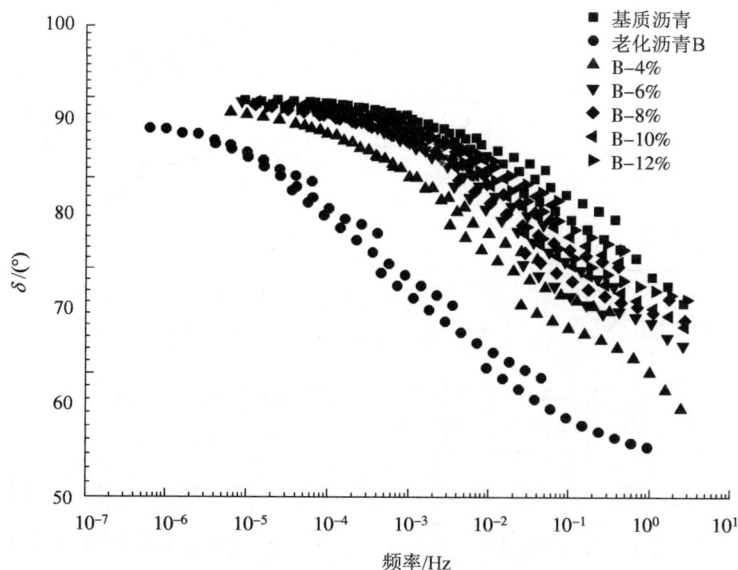

图 4-15　老化沥青 B 再生后的相位角主曲线

由图 4-15 可知，轻组分和黏性成分的损失使沥青中的弹性成分比例上升，导致老化沥青 B 具有最小的 δ。添加桐油复合再生剂可使老化沥青 B 的 δ 上升，随着桐油复合再生剂掺量的增加，再生沥青的 δ 逐渐增大且向基质沥青靠近，表明桐油复合再生剂可以提高老化沥青 B 黏性成分的比例，改善老化沥青的黏弹性性能。当桐油复合再生剂的掺量为 8% 时，B-8% 的 δ 比基质沥青的小，表明 B-8% 的弹性恢复性能优于基质沥青。

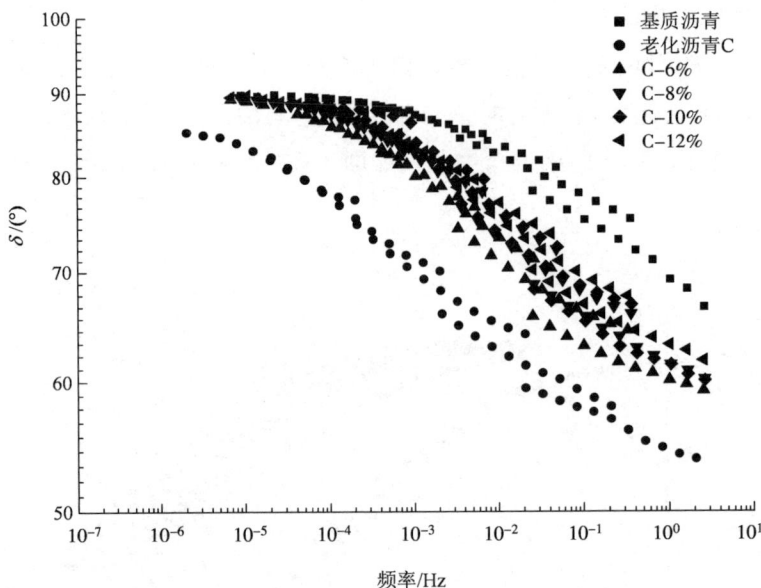

图 4-16　老化沥青 C 再生后的相位角主曲线

由图 4-16 可知，老化沥青 C 的 δ 最小且比老化沥青 B 更小，说明随着沥青老化程度的加深，沥青的黏性成分损失更多。随着桐油复合再生剂的加入，再生沥青的 δ 逐渐增大且向基质沥青水平靠近，表明桐油复合再生剂也可以恢复重度老化沥青 C 的黏弹性性能，其中 C-10% 的 δ 小于基质沥青，表明 C-10% 的弹性恢复性能优于基质沥青。

4.2.4　再生沥青的低温流变性能

低温开裂是沥青路面所面临的棘手问题之一。该病害使沥青路面的路用性能大幅度降低，提高沥青的抗低温开裂能力是有必要的。沥青材料在低温环境下受到外力荷载作用会发生蠕变行为。根据已有研究，低温蠕变劲度可以用来表征沥青的低温抗裂性[101]。所以，美国战略性公路研究计划提出弯曲梁流变试验（BBR），通过蠕变劲度(S)和蠕变速率(m)反映沥青的低温性能。蠕变劲度(S)与蠕变速率(m)的计算公式如式(4-4)和式(4-5)所示。

$$S(t) = \frac{PL^3}{4bh^3\delta(t)} \tag{4-4}$$

$$m = \frac{\lg(S)}{\lg(t)} \tag{4-5}$$

式中，$S(t)$ 是 t 时刻的蠕变劲度，MPa；m 是沥青劲度随时间变化的速率值；P 是施加的恒定荷载，mN；L 是梁跨，mm；b 是梁宽，mm；h 是梁高，mm；$\delta(t)$ 是 t 时刻小梁的跨中挠度，mm。

1. 试验结果与分析

对基质沥青、不同程度老化沥青与不同掺量桐油复合再生剂的再生沥青进行 BBR 试验，试验温度为 -12 ℃、-18 ℃、-24 ℃。B-10%、B-12% 与 C-12% 在 -12 ℃时由于变形过大，导致试验终止，所以无测试结果。不同沥青试样的 S 和 m 结果见图 4-17 和图 4-18 所示。

从图 4-17 可以看出，在同一温度下，老化沥青 B 的 S 最大、m 最小，表明沥青老化后更容易开裂且释放应力的能力变差。在 -12 ℃时，所有沥青试样的 S 均小于 300 MPa、m 均大于 0.3，但是老化沥青 B 的 S 最大、m 最小；在 -18 ℃时，老化沥青 B 的 S 大于 300 MPa、m 小于 0.3，不满足 SHRP 规范，桐油复合再生剂的加入可以恢复老化沥青的 S 和 m。随着桐油复合再生剂掺量的增加，再生沥青的 S 和 m 均向基质沥青水平方向偏移，表明再生剂的加入可以恢复老化沥青的低温性能。

当温度降低时，所有沥青试样的 S 均有不同趋势的增加，m 均减小，表明沥青在低温条件下更容易产生开裂。与 B-8% 相比，B-10%、B-12% 的 S 更大、m 更小，随着桐油复合再生剂掺量的增加，沥青的柔韧性越来越好，因此沥青的低温抗开裂性能显著提高。YAN[102] 通过桐油作再生剂恢复老化沥青的低温性能，在 -18 ℃时，桐油掺量为 8% 的再生沥青的 S 为 170 MPa，m 为 0.38，而本书桐油复合再生剂掺量 8% 时，R-8% 的 S 为 135 MPa，m 为 0.375，表明桐油复合再生剂对老化沥青的低温性能的恢复能力更优。这是由于桐油复合再生剂中的邻苯二甲酸二辛酯（DOP）能够提高沥青的柔韧性，改善沥青的低温延展性和抗裂性。与基质沥青相比，B-8% 在 -12 ℃的 S 减小 64.2 MPa、m 增大 0.061；在 -18 ℃时 S 减小 184 MPa、m 增大 0.066；在 -24 ℃时 S 减小

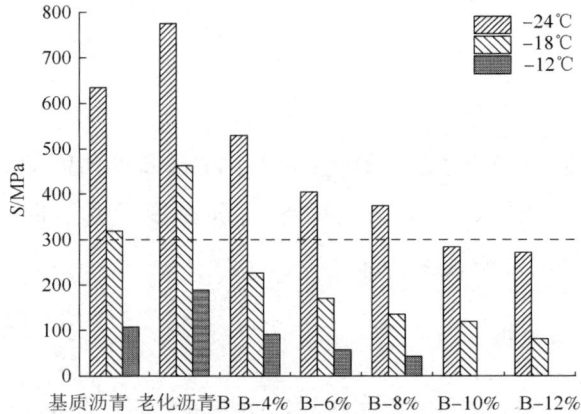

(a) 蠕变劲度

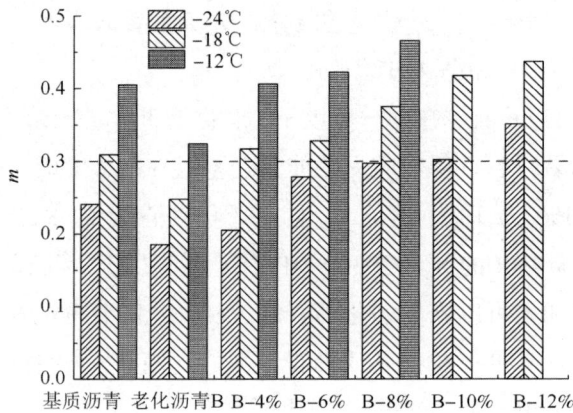

(b) m

图 4-17 老化沥青 B 再生后的 S 和 m

261 MPa、m 增大 0.05；表明桐油复合再生剂不仅能够恢复老化沥青的 S、m 至基质沥青水平，且在最佳的掺量下，再生沥青的低温抗裂性优于基质沥青。

从图 4-18 可知，与老化沥青 B 相比，老化沥青 C 的 S 更大，m 更小，说明沥青老化程度越深，越容易发生低温开裂。在-12 ℃时，所有沥青试样的 S 均低于 300 MPa、m 均大于 0.3，但是老化沥青 C 的 S 最大、m 最小；在-18 ℃时，老化沥青 C 的 S 大于 300 MPa、m 小于 0.3，不满足 SHRP 规范。随着再生剂掺量的增加，再生沥青的 S、m 均向基质沥青水平靠近，桐油复合再生剂的加入

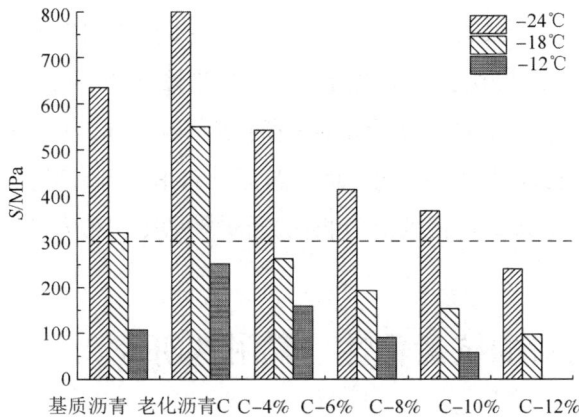

(a) 蠕变劲度

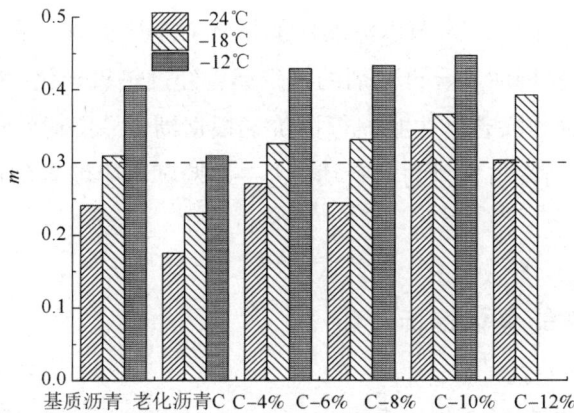

(b) m

图 4-18 老化沥青 C 再生后的 S 和 m

能够恢复老化沥青 C 的 S 和 m。在 -24 ℃ 时，除了 C-10%、C-12% 两种再生沥青的 S 小于 300 MPa、m 大于 0.3，其余均不符合规范，说明在此温度下更容易发生开裂，但是在合适的掺量下，再生沥青的 S、m 与基质沥青水平相当，甚至低温抗裂性优于基质沥青。与基质沥青相比，C-10% 在 -12 ℃ 的 S 减小 48.9 MPa、m 增大 0.042；在 -18 ℃ 时 S 减小 166 MPa、m 增大 0.057；在 -24 ℃ 时 S 减小 269 MPa、m 增大 0.104，表明桐油复合再生剂的加入可使再生沥青的低温抗开裂性能显著提高。

从图 4-17 与图 4-18 还发现，在任一温度下，随着桐油复合再生剂掺量的增加，老化沥青 B 和老化沥青 C 再生后的 S 均逐渐降低、m 均逐渐增大，B-8% 的低温抗裂性最优，但老化沥青 C 在此掺量下低温抗裂性不是最优，表明重度老化沥青 C 需要更高掺量的桐油复合再生剂，所以由图 4-18 得出，C-10% 的低温抗裂性最优。因此，对于老化沥青 B，桐油复合再生剂的掺量取 8% 最佳；对于老化沥青 C 桐油复合再生剂的掺量取 10% 为最佳。

4.3 再生沥青的抗老化性与黏附性研究

再生沥青的抗老化性与黏附性的优劣均是影响沥青路面的服务质量和使用寿命的重要因素。因此，本节以流变性能指标对基质沥青、不同老化程度老化沥青以及不同掺量桐油复合再生剂的再生沥青经过热氧老化（RTFOT、PAV）与紫外老化（UV）后的抗老化性能进行评价。根据沥青、集料的接触角通过表面自由能理论计算沥青与集料的黏附功，进一步验证再生沥青的抗老化性与黏附性的优劣。

4.3.1 流变性能老化指标分析

桐油复合再生剂对老化沥青再生后，再生沥青必须具备优异的抗老化性，才有利于延长沥青混合料的使用寿命和提高沥青路面的耐久性。本节主要通过流变指标（复数模量老化指数 CMAI、相位角老化指数 PMAI）分析基质沥青、再生沥青老化后的流变性能，评价再生沥青的抗老化性[103]。一般 CMAI 越小，PMAI 越大，表明沥青的抗老化能力越强。其各老化指数计算公式如式（4-6）与式（4-7）所示：

$$CMAI = \frac{G^*}{G_0^*} \qquad (4-6)$$

$$PMAI = \frac{\delta}{\delta_0} \qquad (4-7)$$

式中，G^* 为沥青老化后的复数模量，G_0^* 为沥青老化前的复数模量；δ 为沥青老化后的相位角，δ_0 为沥青老化前的相位角。

1. 再生沥青的抗热氧老化性

（1）抗短期热氧老化性

采用式（4-6）、（4-7）计算 RTFOT 老化后的 CMAI 与 PMAI。图 4-19 和图 4-20 为基质沥青与不同掺量桐油复合再生剂的再生沥青 RTFOT 老化后的 CMAI 与 PMAI 随温度变化的试验结果。

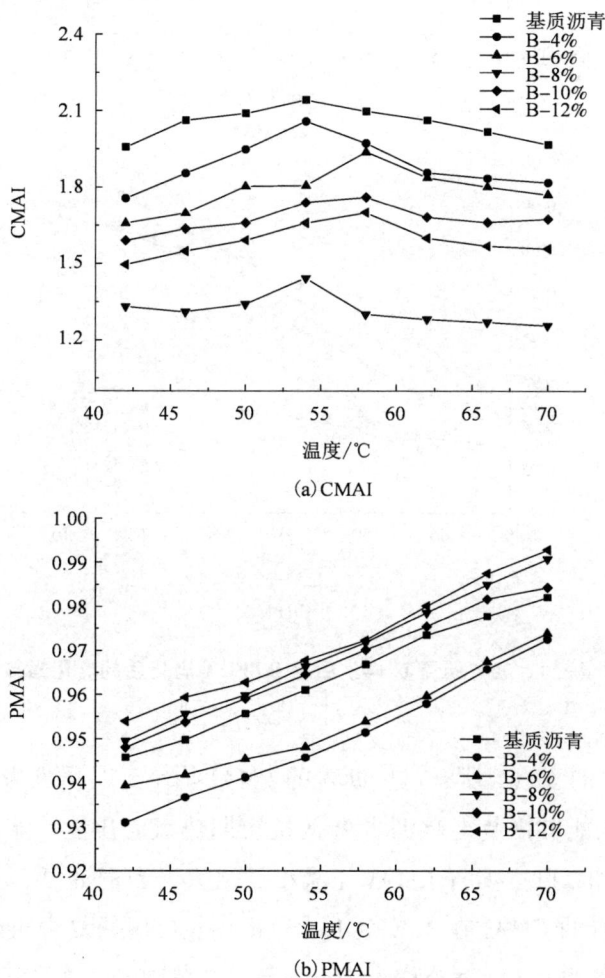

(a) CMAI

(b) PMAI

图 4-19　老化沥青 B 再生后经 RTFOT 老化后的老化指数

(a) CMAI

(b) PMAI

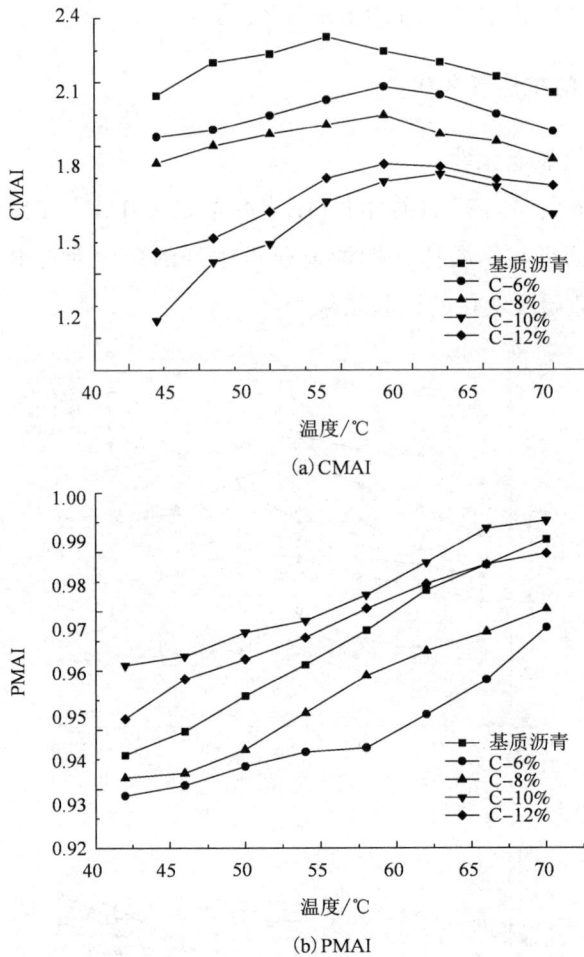

图 4-20　老化沥青 C 再生后经 RTFOT 老化后的老化指数

由图 4-19(a)发现，所有再生沥青的 CMAI 均小于基质沥青，表明桐油复合再生剂的掺入能够恢复老化沥青 B 的抗短期热氧老化性。随着桐油复合再生剂掺量的增加，再生沥青 CMAI 先减小后增大。当桐油复合再生剂掺量为 8%时，再生沥青的 CMAI 在 1.2 至 1.4 范围内，当桐油复合再生剂掺量超过 8%时，再生沥青的 CMAI 逐渐增大为 1.5 至 1.7 范围内，说明桐油复合再生剂在合适掺量时能够有效改善再生沥青的抗短期热氧老化性，当掺量超过一定范围时，由于过量的桐油在高温作用下大量挥发，导致再生沥青性能劣化，降低了再生沥青的抗老化性能。B-8%是所有再生沥青中 CMAI 最小的，且与基质沥青相比，B-8%的 CMAI 减小了 0.6 左右（以 42 ℃为例），表明桐油复合再生剂能够有效恢复老化沥青 B 的抗短期热氧老化性，并且再生沥青的抗短期热氧老化性优于基质沥青。

由图 4-20(a)发现，所有再生沥青的 CMAI 均小于基质沥青，且随着桐油复合再生剂掺量的增加，再生沥青 CMAI 先减小后增大。发现桐油复合再生剂掺量为 10%时，CMAI 最小，掺量超过 10%时，再生沥青的 CMAI 呈增大趋势，过多掺量的桐油复合再生剂会削弱再生沥青的抗短期热氧老化性。因此，C-10%是所有再生沥青中 CMAI 最小的，且与基质沥青相比，C-10%的 CMAI 减小了 0.7 左右（以 42 ℃为例），表明桐油复合再生剂提高了再生沥青的抗短期热氧老化性。

由图 4-19(b)与图 4-20(b)可知，所有再生沥青的 PMAI 随温度的升高而增大，且最终趋于 1。因为温度上升到一定程度后，再生沥青的相位角趋于 90°，再生沥青老化前后的相位角会越来越接近。与基质沥青相比，B-4%与 B-6%的 PMAI 较小，而 B-8%、B-10%与 B-12%的 PMAI 大于基质沥青，C-10%与 C-12%的 PMAI 也大于基质沥青，说明桐油复合再生剂能够有效抑制老化过程中沥青黏弹性成分之间的转换，进一步有效改善再生沥青的抗短期热氧老化能力。

（2）抗长期热氧老化性

采用式（4-6）、式（4-7）计算 PAV 老化后的 CMAI 与 PMAI。图 4-21 和图 4-22 为基质沥青与不同掺量桐油复合再生剂的再生沥青 PAV 老化后的 CMAI 与 PMAI 随温度变化的试验结果。

由图 4-21(a)可知，与 RTFOT 相比，PAV 老化后再生沥青的 CMAI 均呈现大幅度增大的趋势。所有沥青的 CMAI 均是先增大后减小的趋势，且再生沥青的 CMAI 均小于基质沥青，表明桐油复合再生剂能够恢复老化沥青 B 的抗长期热氧老化性。随着桐油复合再生剂掺量的增加，再生沥青的 CMAI 呈现先减后增的趋势，并且桐油复合再生剂掺量在 8%时，再生沥青的 CMAI 是最小的，抗长期热氧老化性最优。但是在桐油复合再生剂掺量超过 8%后，再生沥青的 CMAI 呈增大趋势，对再生沥青的抗长期热氧老化性不利，所以桐油复合再生

(a) CMAI

(b) PMAI

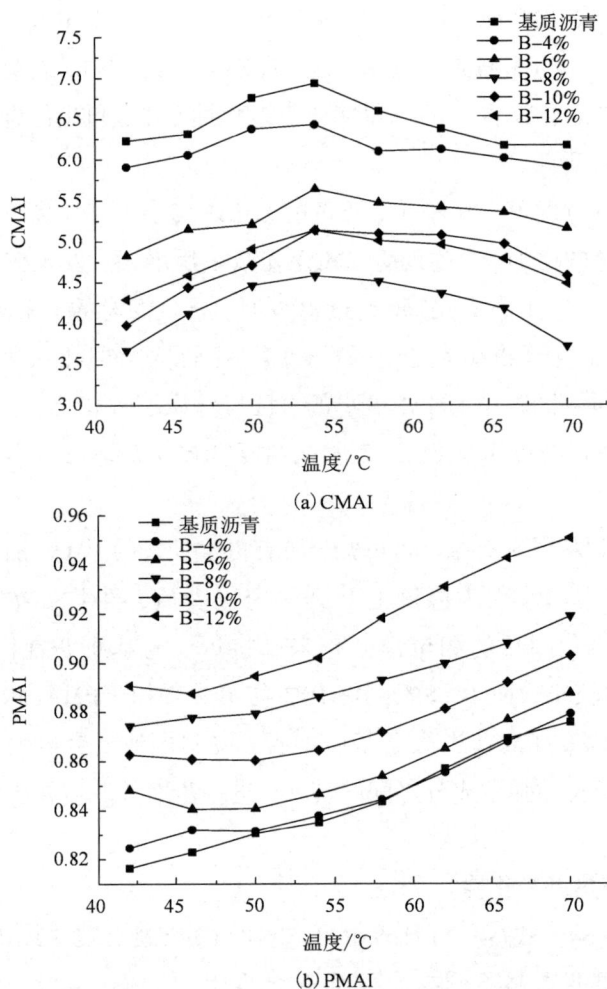

图 4-21 老化沥青 B 再生后经 PAV 老化后的老化指数

剂的掺量不宜超过 8%。

由图 4-22(a)可知，随着老化程度的加深，基质沥青的 CMAI 逐渐增大，沥青的抗老化性变差。随着桐油复合再生剂的掺入使再生沥青的 CMAI 逐渐减小，且所有再生沥青的 CMAI 均小于基质沥青，说明桐油复合再生剂能够有效恢复老化沥青 C 的抗长期热氧老化性。当桐油复合再生剂掺量在 10% 时，再生沥青的 CMAI 最小，抗长期热氧老化性最好且优于基质沥青。掺量超过 10%

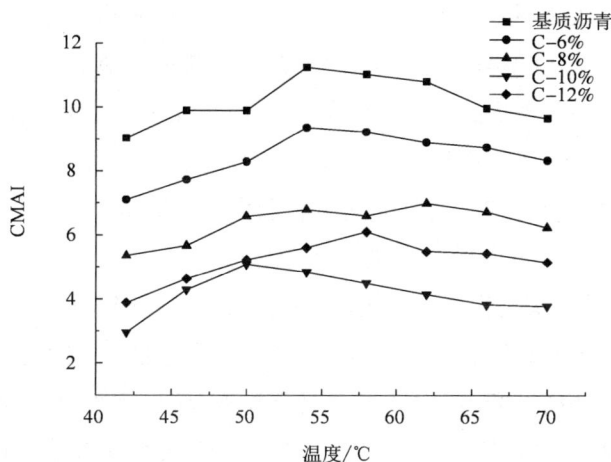

(a) CMAI

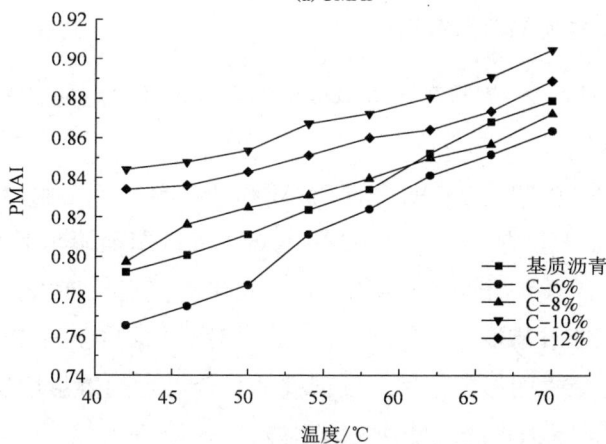

(b) PMAI

图 4-22　老化沥青 C 经 PAV 老化后的老化指数

时，再生沥青的 CMAI 逐渐增大，对沥青的抗长期热氧老化性不利。

由图 4-21(b) 与图 4-22(b) 可以看出，基质沥青的 PMAI 随着老化程度的加深逐渐降低。与 RTFOT 相比，所有再生沥青的 PMAI 均有小幅度的增加，表明 PAV 老化后沥青的相位角减小幅度增大，沥青中的更多黏性成分向弹性成分转变。由图 4-21(b) 发现，桐油复合再生剂掺量为 4% 时，再生沥青的 PMAI 与基质沥青基本一致，当掺量超过 4% 时，再生沥青的 PMAI 均大于基质沥青，表明桐油复合再生剂能够减小沥青中黏弹性成分之间的比例，从而恢复老化沥青 B 的抗长期热氧老化性。由图 4-22（b）发现桐油复合再生剂掺量为 10% 时，再生沥青的 PMAI 最小，其抗长期热氧老化性最好。并且桐油复合再生剂掺量为 10% 时，再生沥青的 PMAI 较基质沥青减小了 0.052，表明桐油复合再生剂显著提高了再生沥青的抗长期热氧老化性。

结合上述再生沥青的短期与长期热氧老化性能的试验结果可知，桐油复合再生剂中的 OMMT 能够有效阻隔沥青在老化过程中氧气、水分子等物质在沥青中的渗透与传播，延缓再生沥青的热氧老化过程，因此桐油复合再生剂可以有效改善老化沥青的抗热氧老化性。并且在桐油复合再生剂合适掺量下，老化沥青 B 与老化沥青 C 的抗热氧老化性均能恢复甚至显著提高。对于老化沥青 B，桐油复合再生剂的掺量为 8%；对于老化沥青 C，桐油复合再生剂掺量为 10% 为最佳。

2. 再生沥青的抗紫外光老化性

图 4-23 和图 4-24 为基质沥青与再生沥青 UV 老化后的 CMAI 与 PMAI 随温度变化的试验结果。

由图 4-23（a）可知，基质沥青的 CMAI 在 2.2 至 2.7 范围内，随着温度上升逐渐减小。相对于基质沥青，再生沥青的 CMAI 明显降低且均小于基质沥青，表明桐油复合再生剂能够改善再生沥青抗紫外光老化能力，进一步说明桐油复合再生剂能够对紫外光产生反射和吸收作用，减弱了再生沥青在紫外老化过程中紫外光对沥青的损害作用。发现桐油复合再生剂掺量增加至 8%，再生沥青的 CMAI 最小，沥青的抗紫外光能力最好。

由图 4-24（a）可知，基质沥青的 CMAI 在 2.3 至 2.8 范围内，随温度逐渐减小。相对于基质沥青，再生沥青的 CMAI 明显降低且均小于基质沥青，说明桐油复合再生剂能够改善再生沥青的抗紫外光老化性，与老化沥青 B 再生后经 UV 老化产生的变化规律一致。当桐油复合再生剂掺量为 10% 时，再生沥青的 CMAI 最小，再生沥青的抗紫外光老化性最好。

由图 4-23（b）与图 4-24（b）可知，基质沥青的 PMAI 在 0.92 至 0.98 范围内，随着温度的升高而线性增加。相比 RTFOT，经过 UV 老化的再生沥青 PMAI 较小，说明再生沥青经过室内紫外光照射后老化程度进一步加深。与基质沥青相比，B-8% 的 PMAI 增大了 0.2 左右，C-10% 的 PMAI 增大了 0.2 左右，表明

(a) CMAI

(b) PMAI

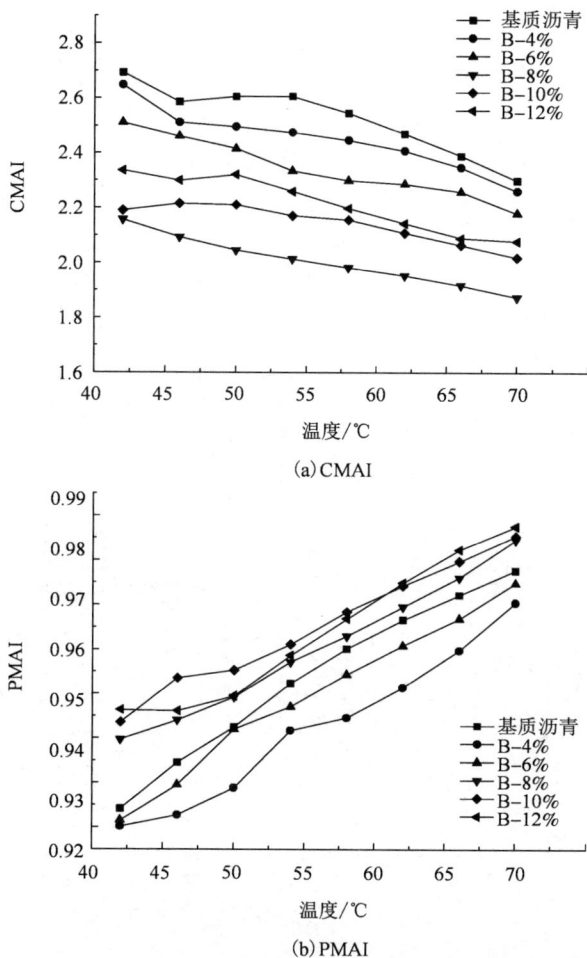

图 4-23　老化沥青 B 再生后经 UV 老化后的老化指数

桐油复合再生剂能够改善再生沥青的抗紫外光老化性。但是要控制桐油复合再生剂的掺量在一定范围内，才能够保证再生沥青具有较好的抗紫外光老化性。

综合以上分析可知，桐油复合再生剂能够有效提高再生沥青的抗紫外光老化性，但是桐油复合再生剂的掺量要合适，超过一定掺量会起到相反的作用。对于老化沥青 B，桐油复合再生剂的掺量为 8%；对于老化沥青 C，桐油复合再生剂掺量为 10% 为最佳。

(a) CMAI

(b) PMAI

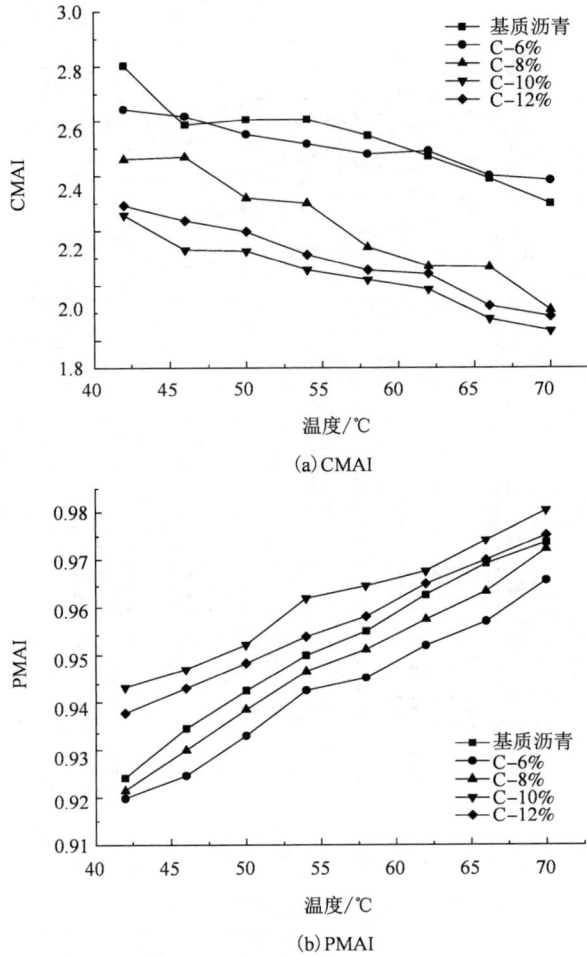

图 4-24　老化沥青 C 再生后经 UV 老化后的老化指数

4.3.2　基于表面自由能理论的再生沥青黏附性研究

再生沥青与集料之间的黏附性较差会导致沥青路面发生水损害问题，所以提高沥青的黏附性会降低沥青路面发生开裂、松散等病害的可能性。对于沥青-集料之间黏附性的评价方法，可大致分为定性法和定量法[104]。相比定性法，定量法更能准确地评价沥青与集料的黏附性[105]。

1. 表面自由能理论

表面自由能被定义为材料在真空条件下受到外力作用将固体分开形成新表面所需的单位面积所做的功，用 γ 表示[73]。根据 Fowkes[106] 和 Good 理论，液体表面张力与固体的表面自由能（γ_l 和 γ_s）可以分为两个部分：色散分量与极性分量部分，如式（4-8）、（4-9）所示：

$$\gamma = \gamma_l^d + \gamma_l^p \tag{4-8}$$

$$\gamma = \gamma_s^d + \gamma_s^p \tag{4-9}$$

式中，γ_l^d 是液体表面自由能的色散分量，一般受物质密度的影响，γ_l^p 是液体表面自由能的极性分量，γ_s^d 是固体表面自由能的色散分量，γ_s^p 是固体表面自由能的极性分量。

Fowkes 研究中认为固体与液体的界面上只考虑色散分量的作用力，所以固体-液体之间的黏附功如式（4-10）所示：

$$W = 2\sqrt{\gamma_l^d \gamma_s^d} \tag{4-10}$$

所以，固体与液体之间的表面自由能为：

$$\gamma = \gamma_l + \gamma_s - 2\sqrt{\gamma_l^d \gamma_s^d} \tag{4-11}$$

Owens 和 Wendt[107] 在 Fowkes 上述研究的基础上增加了极性分量。因此，固体与液体的黏附功与界面表面能的计算式，将式（4-10）和（4-11）拓展为：

$$W_a = 2\sqrt{\gamma_l^d \gamma_s^d} + 2\sqrt{\gamma_l^p \gamma_s^p} \tag{4-12}$$

$$\gamma_{ls} = \gamma_l + \gamma_s - 2\sqrt{\gamma_l^d \gamma_s^d} - 2\sqrt{\gamma_l^p \gamma_s^p} \tag{4-13}$$

式（4-12）中，γ_l^d、γ_l^p 分别表示沥青的表面自由能色散分量与极性分量，γ_s^d、γ_s^p 分别表示集料的表面自由能色散分量与极性分量。并且要想求解沥青与集料之间的黏附功，需要先测得沥青与集料之间的表面张力及色散分量与极性分量。此外，沥青的表面能计算进一步与 Young 方程理论结合进行计算，即：

$$\gamma_l(1+\cos\theta) = 2\sqrt{\gamma_l^d \gamma_s^d} - 2\sqrt{\gamma_l^p \gamma_s^p} \tag{4-14}$$

式中，θ 为接触角。

可以利用式（4-14）通过固体与液体界面的接触角以及对应液体的表面张

力,从而计算出固体的表面自由能及其色散分量与极性分量。一般可以将式(4-14)改写成 $y=kx+b$ 的形式:

$$\frac{(1+\cos\theta)}{2}\frac{\gamma_1}{\sqrt{\gamma_1^d}}=\sqrt{\gamma_s^p}\sqrt{\frac{\gamma_1^p}{\gamma_1^d}}+\sqrt{\gamma_s^p} \tag{4-15}$$

根据式(4-15)作一元一次函数图,斜率 $\sqrt{\gamma_s^p}$ 的平方值即为固体表面自由能的极性分量,截距 $\sqrt{\gamma_s^d}$ 的平方值即为固体表面能的色散分量。为了提高拟合优度,通常需要选取三种已知液体进行线性拟合。

2. 表面能参数测定

本试验选择石灰岩和玄武岩两种集料,对基质沥青、PAV 老化沥青、不同掺量桐油复合再生剂的再生沥青的黏附性进行评价。选择蒸馏水、丙三醇、甲酰胺作为标准液。在 20 ℃ 温度条件下,三种标准液的表面自由能及其分量如表 4-7 所示。

表 4-7　三种标准液表面能及其分量

测试液体(20 ℃)	表面能及其分量/(mJ·m⁻²)		
	γ_1	γ_1^d	γ_1^p
蒸馏水	72.8	21.8	51.0
丙三醇	63.4	37.0	26.4
甲酰胺	58.2	39.5	18.7

(1)接触角的测量与结果

根据选定已知表面自由能参数的标准液,然后测定沥青、集料与标准液之间的接触角。本书选择躺滴法测量接触角,躺滴法依据光学测量法获得液-固基线接触的夹角。本试验采用德国 KRÜSS 公司生产的液滴形状分析仪(Drop Sharp Analysis,DSA100),测试不同沥青与各标准液的接触角及变异系数如表 4-8 所示,不同集料与标准液的接触角与变异系数如表 4-9 所示。

表 4-8　不同沥青与各标准液的接触角及变异系数

沥青种类	蒸馏水		丙三醇		甲酰胺	
	平均值 /(°)	变异系数 /%	平均值 /(°)	变异系数 /%	平均值 /(°)	变异系数 /%
基质沥青	101.98	0.40	94.36	0.99	87.22	0.64
老化沥青 B	103.64	0.59	96.28	0.97	89.86	0.62
老化沥青 C	106.82	0.57	99.66	1.01	89.86	0.52
B-8%	99.55	0.42	94.39	0.94	87.03	0.87
C-10%	101.68	0.33	95.17	0.41	86.98	0.45

表 4-9　不同集料与标准液的接触角及变异系数

集料种类	蒸馏水		丙三醇		甲酰胺	
	平均值 /(°)	变异系数 /%	平均值 /(°)	变异系数 /%	平均值 /(°)	变异系数 /%
石灰岩	52.08	1.11	42.27	1.55	34.96	1.24
玄武岩	65.94	0.63	53.07	1.37	47.91	1.54

　　根据表 4-8 和表 4-9 发现，再生沥青与标准液之间的接触角的变异系数在 0.4% 至 1.04% 范围，变异系数较小，测试结果离散性越小，说明接触角的试验有很好的重复性。根据 Kwok 提出的方法对数据进行检验，测试每种液体与待测固体的表面自由能时，每种标准液的 $\gamma_1\cos\theta$ 和 γ_1 应呈线性关系[108]。因此，图 4-25、图 4-26 为不同沥青、集料与标准液的表面自由能 γ_1 和 $\gamma_1\cos\theta$ 进行线性拟合，表 4-10、表 4-11 为滴定标准液检验结果的线性相关系数。结果说明沥青 γ_1 和 $\gamma_1\cos\theta$ 均有很好的线性相关性，相关系数在 0.964 至 0.997 范围内。集料 γ_1 和 $\gamma_1\cos\theta$ 也有很好的线性相关性，相关系数在 0.961 至 0.991 范围内，表明接触角的数据有效。

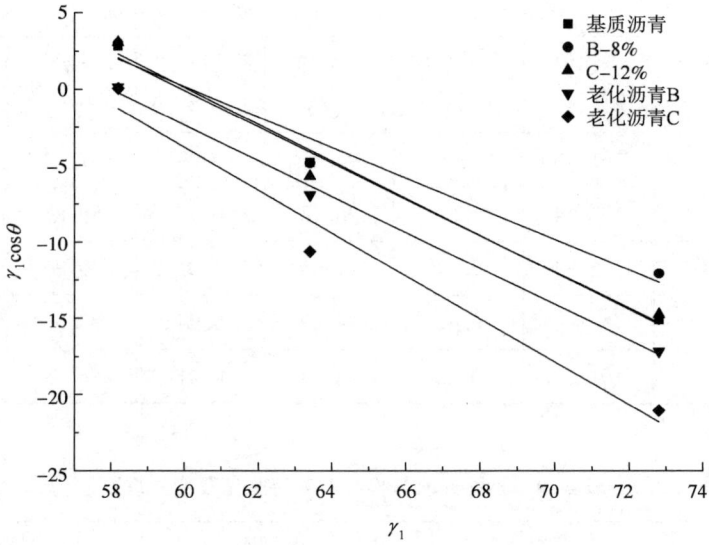

图 4-25　不同沥青 $\gamma_1\cos\theta$ 和 γ_1 线性关系

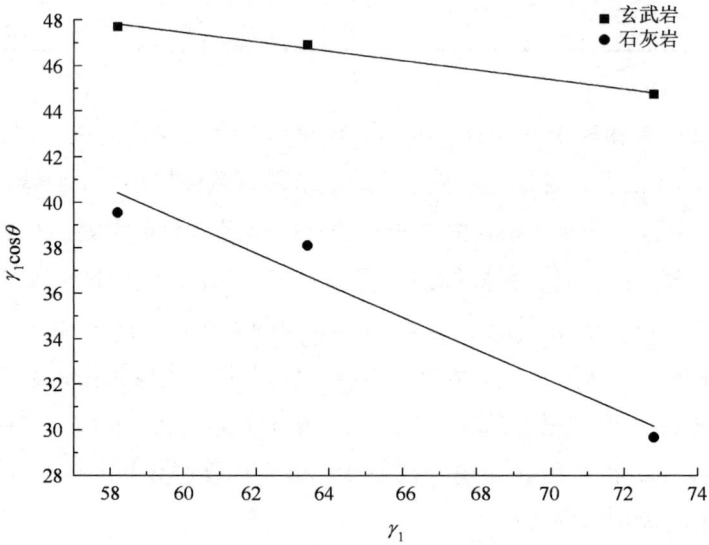

图 4-26　不同集料 $\gamma_1\cos\theta$ 和 γ_1 线性关系

表 4-10 不同沥青 γ_1 和 $\gamma_1\cos\theta$ 和相关系数

沥青种类	相关系数(R^2)
基质沥青	0.9937
老化沥青 B	0.9964
老化沥青 C	0.9709
B-8%	0.9646
C-10%	0.9757

表 4-11 不同集料 γ_1 和 $\gamma_1\cos\theta$ 相关系数

集料种类	相关系数(R^2)
石灰岩	0.9904
玄武岩	0.9616

3. 表面自由能计算

根据式(4-15)的计算公式,以 $\dfrac{(1+\cos\theta)}{2}\dfrac{\gamma_1}{\sqrt{\gamma_1^{d}}}$ 为 y 值,以 $\sqrt{\dfrac{\gamma_1^{p}}{\gamma_1^{d}}}$ 为 x 值绘制散点图,然后将其进行拟合,得到斜率与截距。根据拟合后的结果,基质沥青、不同老化程度老化沥青以及不同掺量桐油复合再生剂的再生沥青的表面自由能及其分量如表 4-12 所示,不同集料的表面自由能及其分量如表 4-13 所列。

表 4-12 不同沥青的表面自由能及其分量

沥青种类	$\gamma_1/(\text{mJ}\cdot\text{m}^{-2})$	$\gamma_1^{d}/(\text{mJ}\cdot\text{m}^{-2})$	$\gamma_1^{p}/(\text{mJ}\cdot\text{m}^{-2})$
基质沥青	15.481	12.598	2.883
老化沥青 B	11.613	9.447	2.166
老化沥青 C	9.786	8.630	1.156
B-8%	17.747	13.341	4.406
C-10%	16.631	13.516	3.115

表 4-13　不同集料的表面自由能及其分量

集料种类	$\gamma_l/(mJ \cdot m^{-2})$	$\gamma_l^d/(mJ \cdot m^{-2})$	$\gamma_l^p/(mJ \cdot m^{-2})$
石灰岩	49.399	25.921	23.478
玄武岩	40.704	25.891	14.813

由表 4-12 可知，所有沥青试样的表面自由能中色散分量占主导部分，而极性分量占比很小。基质沥青的表面自由能为 15.481 mJ/m², 对于不同老化程度老化沥青的表面自由能均呈降低趋势，因为沥青老化后，沥青分子组分中的大分子沥青质含量增多。有研究表明，沥青大分子沥青质含量越高，表面自由能越小[109]。随着桐油复合再生剂的掺入，表面自由能增加，对于不同老化程度的老化沥青均有一定程度的提高，与基质沥青相比，B-8%的表面自由能增加了 14.6%，C-10%的表面自由能增加了 7.4%。桐油复合再生剂中含有大量低分子量的轻质组分，可以增强分子的运动能力，从而使老化沥青中的大分子沥青质分散溶解，因此掺入桐油复合再生剂可使再生沥青的表面自由能提高。

4. 再生沥青黏附性评价

根据表面自由能理论，在真空条件下两个物体之间的表面分开时所做的功称为黏附功，在已知沥青与集料的表面自由能与其分量前提下，通过式(4-12)计算出沥青与集料之间的黏附功。

根据上小节表 4-12~表 4-13 计算出的沥青、集料的表面自由能的分量代入式(4-12)，求得沥青-集料界面体系的黏附功如表 4-14 所示。

表 4-14　沥青-集料黏附功

沥青种类	石灰岩/$(mJ \cdot m^{-2})$	玄武岩/$(mJ \cdot m^{-2})$
基质沥青	52.596	49.191
老化沥青 B	45.560	42.608
老化沥青 C	40.334	38.173
B-8%	57.533	53.327
C-10%	54.539	50.999

由表 4-14 可知,沥青经过不同程度的老化后,沥青的黏附功均减低,且老化沥青 C 的黏附功比老化沥青 B 的更低,表明老化后沥青的黏附功降低,使沥青的黏附性变差。沥青与石灰岩之间的黏附性高出玄武岩 6.9%,表明碱性集料(石灰岩)与沥青之间的黏附性比较好。同种集料之间,随着桐油复合再生剂的掺入,沥青的黏附功增大,B-8%、C-10% 的黏附功均大于基质沥青,表明桐油复合再生剂可以恢复老化沥青的黏附性,这是因为加入桐油复合再生剂可以补充老化沥青中缺失的小分子量的轻质组分,使极性成分降低,从而改善老化沥青的黏附性。但是,C-10% 比 B-8% 的黏附功小 2.328 mJ/m²,表明沥青与集料的黏附性受沥青老化程度的影响,沥青的表面自由能越大,与集料的黏附功越大,即沥青与集料的黏附性越好。

4.4　再生沥青的微观结构与机理分析

沥青作为一种复杂的有机高分子材料,其分子组成也相当复杂,分子量分布也不相同。添加再生剂可使老化沥青内部的化学组分发生改变。对于再生沥青的研究,通过其微观结构与作用机理能够更进一步反映沥青的状态特性。本章借助红外光谱(FTIR)、凝胶渗透色谱(GPC)分析仪与扫描电镜(SEM)对再生沥青的微观结构形貌进行研究,并分析其再生机理。

4.4.1　再生沥青红外光谱分析

本试验采用 Nicolet iS50 傅立叶变换红外光谱仪测定沥青样品的官能团,测试波长范围为 500~4000 cm⁻¹,扫描次数为 32 次。

1. 桐油复合再生剂红外光谱分析

将红外光谱图中纵坐标的透过率变换为吸光度,进行自动基线校正与平滑处理,得到桐油复合再生剂的红外光谱图如图 4-27 所示。分析桐油复合再生剂红外光谱图中的特征峰发现,在 2958 cm⁻¹ 附近的吸收峰是甲基(—CH₃)的伸缩振动,在 2922 cm⁻¹ 与 2854 cm⁻¹ 波段内出现由亚甲基(—CH₂)伸缩振动引起的特征吸收峰。3009 cm^{-1} 附近的吸收峰为不饱和碳原子 C—H 伸缩振动。桐油复合再生剂在 1595 cm^{-1}、1456 cm^{-1} 与 1378 cm^{-1} 附近出现了由苯环的骨架振动引起的吸收峰，并且在 860 cm^{-1}、730 cm^{-1}、640 cm^{-1} 附近出现的吸收峰是苯环 C—H 的弯曲振动，表明桐油复合再生剂的主要成分是富含低分子量芳香烃的轻组分。在 1740 cm^{-1} 附近出现了由酯羰基 C ═O 伸缩振动引起的吸收峰，在 1265 cm^{-1}、1156 cm^{-1}、1072 cm^{-1} 附近的吸收峰为 C—O 的伸缩振动，985~959 cm^{-1} 为芳香族分子的特征峰，说明桐油复合再生剂富含较多的芳香族化合物。

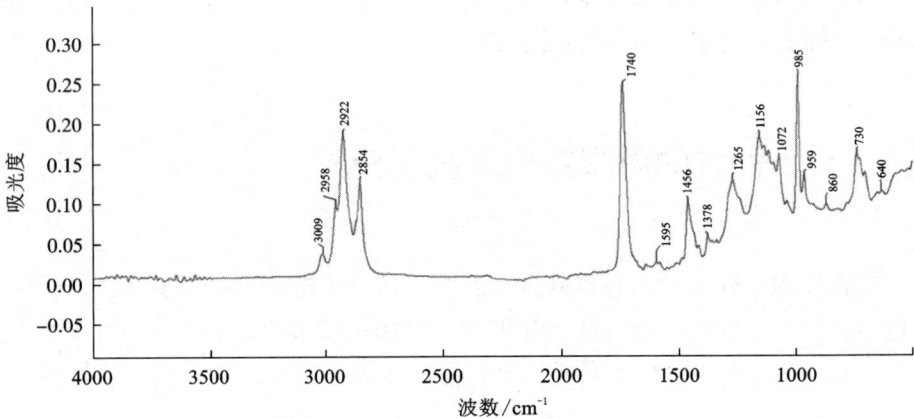

图 4-27　桐油复合再生剂红外光谱

2. 再生沥青红外光谱分析

图 4-28 和图 4-29 为基质沥青、不同程度老化沥青及再生沥青的红外光谱图。由图 4-28 与图 4-29 发现，所有沥青出现特征峰的位置基本一致。与基质沥青相比，经过 RTFOT 老化后的老化沥青 A 在 1700 cm^{-1} 未出现羰基 C ═O 的吸收峰，但是经过 PAV 老化后的老化沥青 B 与老化沥青 C 在 1700 cm^{-1} 出现的吸收峰是羰基 C ═O 所引起，在 1030 cm^{-1} 出现的亚砜基 S ═O 特征峰同样有所增加，老化沥青 C 相比老化沥青 B 的两个特征峰均有所增加，随着沥青老化程度的加深，沥青含氧官能团的含量呈增加趋势，证明了沥青在老化过程中存在氧化反应[110]。在 2922 cm^{-1} 和 2854 cm^{-1} 是饱和烃中的甲基(—CH$_3$)与亚甲

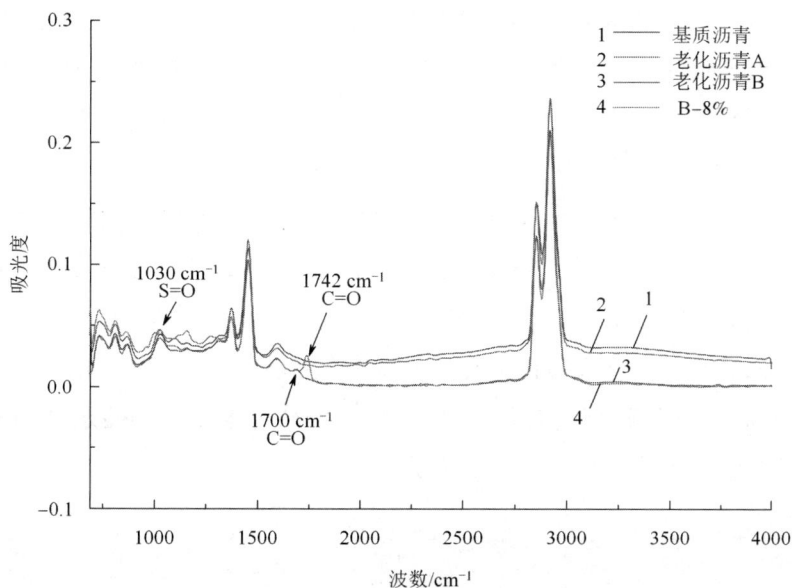

图 4-28　老化沥青 B 再生后的 FTIR 图

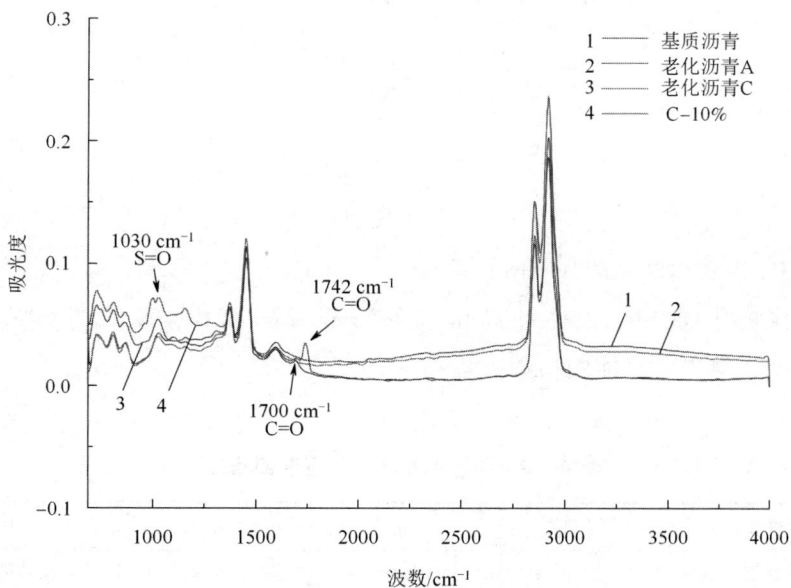

图 4-29　老化沥青 C 再生后的 FTIR 图

基(—CH₂)伸缩振动引起的。添加桐油复合再生剂后，发现再生沥青在 1742 cm⁻¹ 附近产生新的特征峰，是由桐油复合再生剂中的脂肪酸中酯键 C＝O 伸缩振动所导致的。除此之外，再生沥青没有其他特征峰吸收峰出现，与基质沥青的特征峰几乎一致，表明桐油复合再生剂不会与沥青发生化学反应或化学反应微弱，以物理共混为主。

为了定量分析老化沥青 B 与老化沥青 C 再生过程中各特征官能团的变化，引入羰基官能团指数(CI)、亚砜基官能团指数(SI)来评价沥青的老化及再生过程中各化学成分的变化状态[111]。另外，脂肪族官能团指数(BI)与芳香族官能团指数(AI)也可以反映沥青的老化与再生现象[112]。官能团指数 BI、AI 分别代表长链烷基、苯环取代基的含量，CI 与 SI 代表沥青老化产物的羰基和亚砜基官能团的含量。相关计算公式如下所示：

$$CI = \frac{A_{1700C=O}}{\sum A} \tag{4-16}$$

$$SI = \frac{A_{1030S=O}}{\sum A} \tag{4-17}$$

$$BI = \frac{A_{1456-CH-+1378-CH_3}}{\sum A} \tag{4-18}$$

$$AI = \frac{A_{1595C=C}}{\sum A} \tag{4-19}$$

式中，A 表示样品的吸收峰面积。

通过采用 OMNIC 软件计算得到各特征峰的面积，按照式(4-16)~式(4-19)计算出各官能团指数，见表4-15。

表4-15　不同沥青试样的官能团指数

沥青种类	CI	SI	BI	AI
基质沥青	0	0.0852	0.6537	0.0700
老化沥青 A	0	0.0824	0.6331	0.0950
老化沥青 B	0.0222	0.1253	0.5348	0.1381

续表4-15

沥青种类	CI	SI	BI	AI
老化沥青 C	0.0248	0.1262	0.5169	0.1556
B-8%	0.0056	0.0264	0.6056	0.0716
C-10%	0.0059	0.0413	0.5956	0.0724

由表 4-15 可知，沥青经 RTFOT 老化后，CI 依然为 0，SI 减小，在沥青经 RTFOT 老化时，一部分原因是此时部分官能团处于中间产物状态，而中间产物（硫醚基团）未完全发生氧化反应生成亚砜基官能团，另一部分原因是亚砜基遇到高温容易分解，其中分解速率大于生成速率。经 PAV 老化程度的加深，沥青的 CI 和 SI 均增大，老化沥青 B 和老化沥青 C 的羰基、亚砜基官能团的含量增多。另外，不同老化程度沥青的 BI 逐渐减小，AI 逐渐增大，说明沥青在老化过程中大分子物质呈增加趋势，沥青的长链结构分子含量呈减少趋势，但支链含量呈增加趋势，分子间的作用力减弱，导致流动性变差。随着桐油复合再生剂的掺入，沥青的 CI 和 SI 均大幅度减小，且 SI 小于基质沥青，同时 BI 增加，说明老化沥青 B 和老化沥青 C 再生后的极性官能团含量均减少，因为桐油复合再生剂可以提供大量低分子量的轻质组分，可以分散溶解老化沥青中的大分子沥青质，增强分子运动能力，沥青的流动性能得到改善。此外，相比基质沥青，B-8%、C-10% 的 AI 分别提高了 2.3%、3.4%，表明再生沥青中的轻质组分含量高于基质沥青。综上所述，再生沥青的 4 种官能团指数均与基质沥青接近，但是不能完全恢复老化沥青的化学组分结构。

3.基于红外光谱再生沥青的老化机理分析

再生沥青经 RTFOT 与 PAV 老化后的红外光谱图如图 4-30 和图 4-31 所示。由图 4-30 与图 4-31 发现，再生沥青老化后出现特征峰的位置几乎一致，经过 RTFOT 与 PAV 老化后，1700 cm^{-1} 羰基 C ═O 引起的吸收峰与 1030 cm^{-1} 亚砜基 S ═O 引起的特征峰均有所增加，老化后沥青中的羰基与亚砜基官能团的含量变大。此外，再生沥青在 1742 cm^{-1} 酯羰基 C ═O 引起的特征峰也有所增加，与基质沥青的老化过程基本一样。

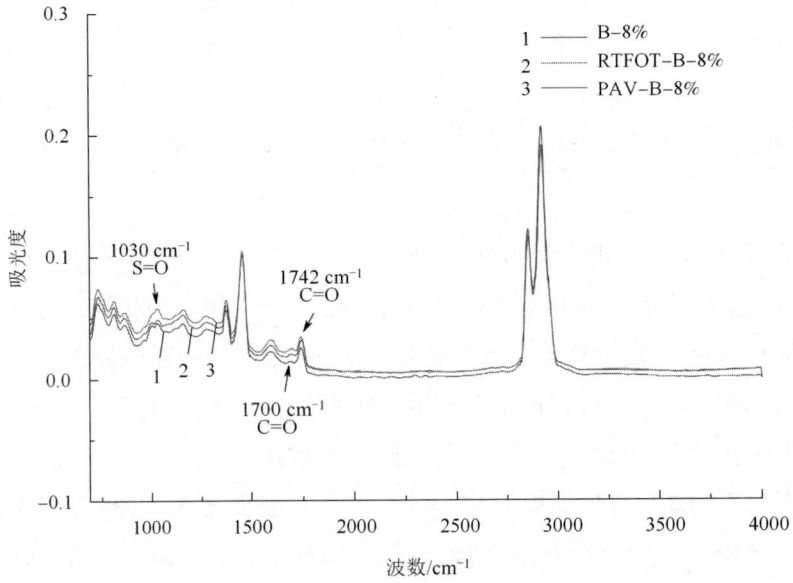

图 4-30　B-8%老化后的 FTIR 图

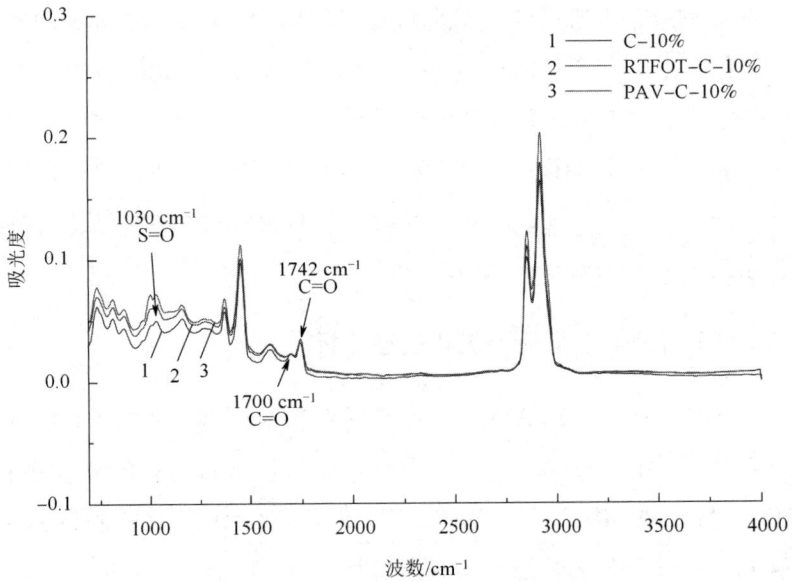

图 4-31　C-10%老化后的 FTIR 图

为了定量分析再生沥青经过老化后的官能团的变化，通过上述式(4-16)～式(4-19)计算出各官能团指数见表4-16和表4-17。

表 4-16　B-8%老化后的官能团指数

沥青种类	CI	SI	BI	AI
B-8%	0.0056	0.0264	0.5356	0.0716
RTFOT-B-8%	0.0078	0.0177	0.5183	0.0754
PAV-B-8%	0.0081	0.0269	0.5181	0.0760

表 4-17　C-10%老化后的官能团指数

沥青种类	CI	SI	BI	AI
C-10%	0.0059	0.0413	0.5256	0.0724
RTFOT-C-10%	0.0076	0.0374	0.5114	0.0768
PAV-C-10%	0.0114	0.0469	0.5019	0.0889

由表4-16和表4-17可知，两种再生沥青经过老化后，CI 与 SI 均有所增加，BI 有所减小，AI 逐渐增大，表明再生沥青经过老化后，极性官能团的含量增加、长链结构分子含量减少及支链结构增加，这与基质沥青发生老化时官能团的变化几乎一样。以 B-8%为例，发现基质沥青经过 PAV 老化后，CI、SI 与 AI 分别增加了 0.0222、0.0401、0.0681，BI 减小了 0.1189，而 B-8%经 PAV 老化后，CI、SI 与 AI 分别增加了 0.0025、0.0056、0.0044，BI 减小了 0.0175，基质沥青经过老化后各官能团指数 CI、SI、AI 与 BI 的增量远远大于 B-8%，表明再生沥青经过 PAV 老化后，官能团含量的变化幅度较小，老化衰减速度较慢，对再生沥青的抗老化性有利。

4.4.2　再生沥青凝胶色谱分析

试验采用 Waters 1515 凝胶渗透色谱仪分析沥青的分子量与分子分布，流动相为四氢呋喃(THF)，沥青试样浓度为 2 mg/mL，流速为 10 mL/min。

1. 基于凝胶色谱的桐油复合再生剂与老化沥青的作用机理分析

图 4-32 为基质沥青、不同程度老化沥青及再生沥青的分子量分布图。图中横坐标为分子量，纵坐标为分子量的微分分布。在大分子区域，所有老化沥青、再生沥青的曲线都位于基质沥青之前，表明不同程度的老化沥青与再生沥青的分子量相对高于基质沥青；对于小分子区域，再生沥青的曲线在基质沥青与老化沥青的后面，表明再生沥青的小分子相对高于基质沥青，这可能是由于桐油复合再生剂的加入引起小分子含量的增加。

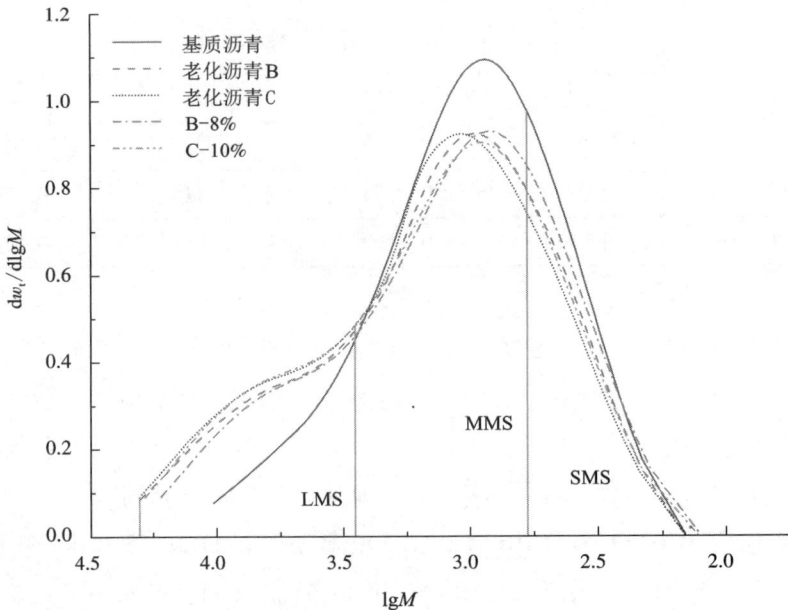

图 4-32 不同沥青的分子量分布图

为了进一步分析沥青老化后再生过程中各分子量的变化，根据图 4-32 中 GPC 分子量的分布图计算得出基质、不同老化程度老化沥青与再生沥青的 LMS、MMS、SMS 各分子的含量。不同沥青分子量比例如图 4-33 所示。

由图 4-33 可知，与基质沥青相比，老化沥青 B 的 LMS 质量分数增加 12.5%，MMS、SMS 质量分数减少 5.8%、6.7%；与老化沥青 B 相比，老化沥青 C 的 LMS 质量分数同样增加 2.1%，MMS 基本保持不变，SMS 质量分数减少

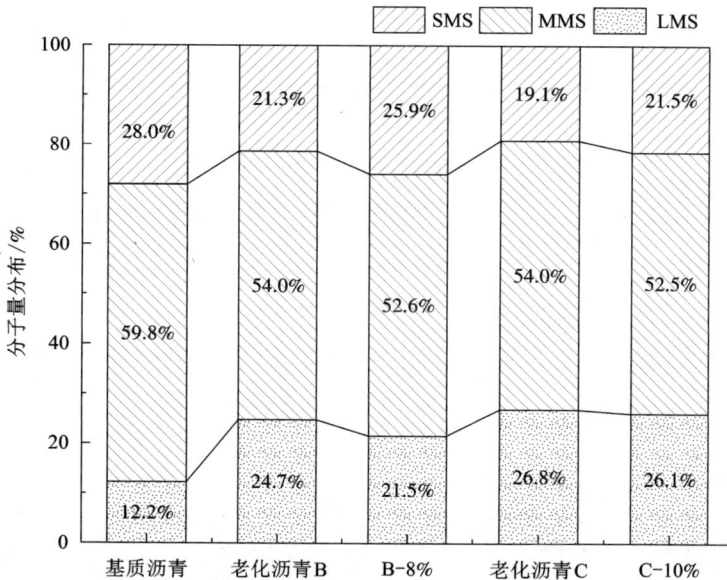

图 4-33　不同沥青分子量比例图

2.1%，这是由于在热氧老化过程中，分子被氧化及轻组分挥发，也就是小分子物质发生团聚转化为大分子，导致沥青分子的运动能力变弱，流动性变差。随着桐油复合再生剂的加入，相对于老化沥青 B，B-8% 的 LMS、MMS 质量分数减少 3.2%、1.4%，SMS 质量分数增加 4.6%；对于老化沥青 C 而言，C-8% 的 LMS、MMS 质量分数减少 0.7%、1.5%，SMS 质量分数增加 2.4%，表明再生剂中含有一定量的中小分子，可以充分补充老化沥青组分中的中小分子，并且可以溶解小部分大分子。

对比两种再生沥青与基质沥青的分子量、分子量分布之间的关系发现，两种再生沥青的大分子含量还是较基质沥青多，因为桐油复合再生剂对老化沥青的分子量分布仅是物理稀释过程，所以桐油复合再生剂可能无法完全恢复老化沥青 B 与老化沥青 C 的化学特性。但是在宏观试验中发现再生沥青的流变性与基质沥青基本一致，是因为影响再生沥青流变性的主要因素是沥青的分子运动能力，沥青老化后，分子运动能力减弱，从而使得再生沥青的黏度、复数模量等指标增大。但是桐油复合再生剂能够补充老化沥青缺失的轻质组分，从而增强分子的运动能力，并且对增加的大分子物质有分散溶解作用，使老化沥青的复数模量降低至基质沥青的水平。

2. 基于凝胶色谱的再生沥青的老化机理分析

图 4-34 为再生沥青老化后的分子量分布图。由图 4-34 可知，经过 PAV、UV 老化的 B-8% 的比原样 B-8% 曲线图出现得早，同样结束得早，表明 PAV、UV 老化后的 B-8% 的分子量相对高于 B-8%，为了进一步验证再生后沥青的老化衰减程度，统计出经过 PAV 老化后再生沥青和基质沥青的 LMS、MMS、SMS 的积分面积评价再生沥青老化后的老化衰减。不同沥青分子量比例如图 4-35 所示。

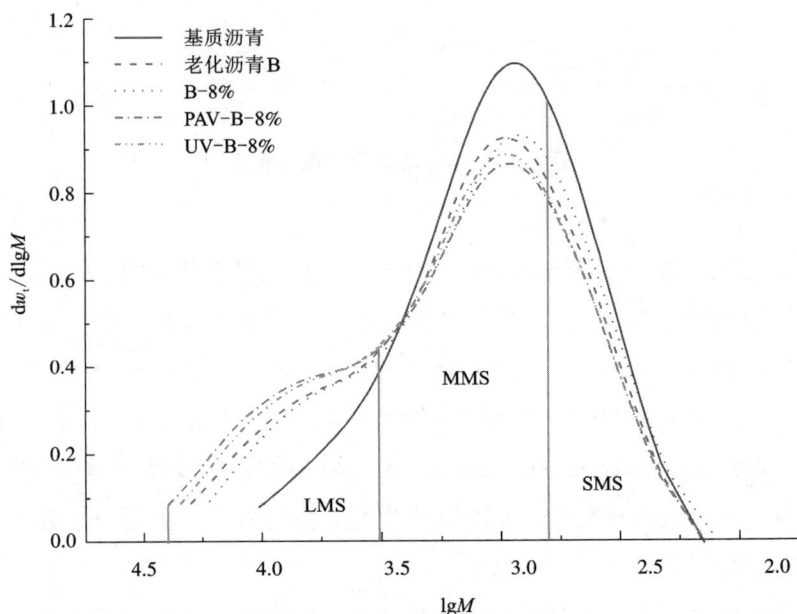

图 4-34 不同沥青的分子量分布图

通过图 4-35 发现，相比 B-8%，经过 PAV、UV 老化后 B-8% 的 LMS、MMS 均有不同的增加趋势，SMS 均有不同的降低趋势，而且 PAV 老化后 B-8% 的 LMS 含量比 UV 老化得较多；MMS、SMS 含量比 UV 老化得较少，表明 UV 老化过程中 B-8% 没有发生热氧老化，中小分子流失较少，流失的大部分低

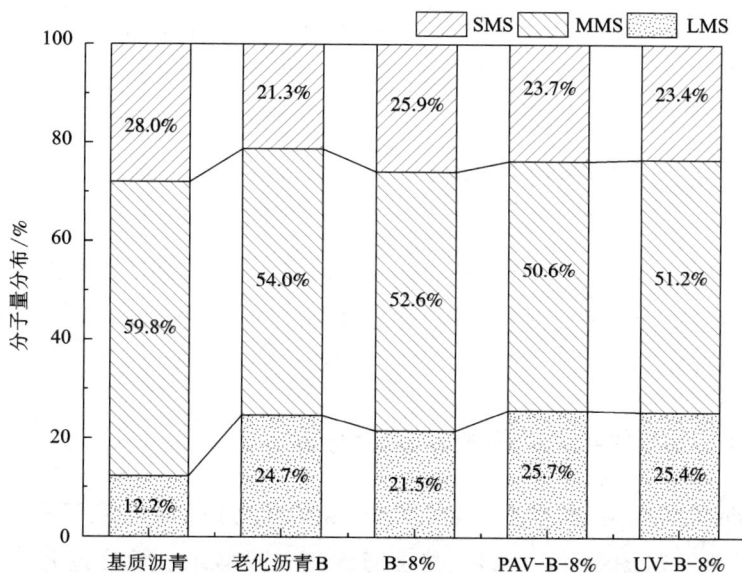

图 4-35　不同沥青分子量比例图

分子转变为中分子，而小部分低分子转变为大分子。表明桐油复合再生剂能够抑制再生沥青老化过程中的衰减程度。

通过图 4-35 中沥青的 LMS、MMS、SMS 各分子量的变化计算出基质沥青与 B-8%经过 PAV 老化后的增量，如表 4-18 所示。

表 4-18　PAV 老化后沥青各分子量的变化幅度

沥青种类	w_{LMS}/%	w_{MMS}/%	w_{SMS}/%
基质沥青	12.5	−5.8	−6.7
B-8%	4.2	−2	−2.2

由表 4-18 可知，经过 PAV 老化后，基质沥青的 LMS 质量分数增加 12.5%，MMS、SMS 质量分数减少 5.8%、6.7%，B-8%的 LMS 质量分数增加 4.2%，MMS、SMS 质量分数减少 2%、2.2%，很明显发现 B-8%的分子量的变化幅度较小，表明 B-8%经过 PAV 老化后沥青的老化性能衰减较慢，对再生沥

青的抗老化性有利。而且从图 4-35 可以发现，PAV 老化后 B-8%的 SMS 质量分数比基质沥青的多，表明桐油复合再生剂能够抑制再生沥青中小分子的流失。

4.4.3 再生沥青扫描电镜分析

试验采用 Zeiss Sigma 300 扫描电子显微镜(SEM)对其基质沥青、不同程度老化沥青与再生沥青进行微观结构形貌的采集。提前对试样做喷铂处理，以提高试样的导电性。

1. 基于扫描电镜再生沥青的微观形貌分析

基质沥青、不同程度老化沥青与再生沥青的扫描电镜微观形貌图如图 4-36 所示。从图中可以发现，基质沥青的表面整体呈平整光滑状态，基本为均质结构。由于沥青老化后四组分之间相容性变差，老化沥青 B、老化沥青 C 已经不能形成均质结构，表面出现大量褶皱纹理。这是由于沥青老化后轻组分减少，分子极性增强，分子运动能力减弱，沥青流动性变差所导致的。随着桐油复合再生剂的掺入，老化沥青的褶皱纹理消失，B-8%与 C-8%再生沥青的表面趋于平整光滑，表面变成类似于基质沥青的光滑外观。

此外，发现除了基质沥青，不同程度老化沥青与再生沥青的图上均能看到明暗交替条纹形成的"蜂状结构"，且老化沥青 C 的"蜂状结构"远多于老化沥青 B，但是两种老化沥青的单个蜂状面积均较大于再生沥青，这可能是由于沥青的大分子沥青质的聚集导致的[113]，添加桐油复合再生剂后，轻组分增加，所以 B-8%与 C-8%的蜂状结构面积有所降低，表面趋于平整光滑，表明桐油复合再生剂能够大致恢复老化沥青的表面形貌。

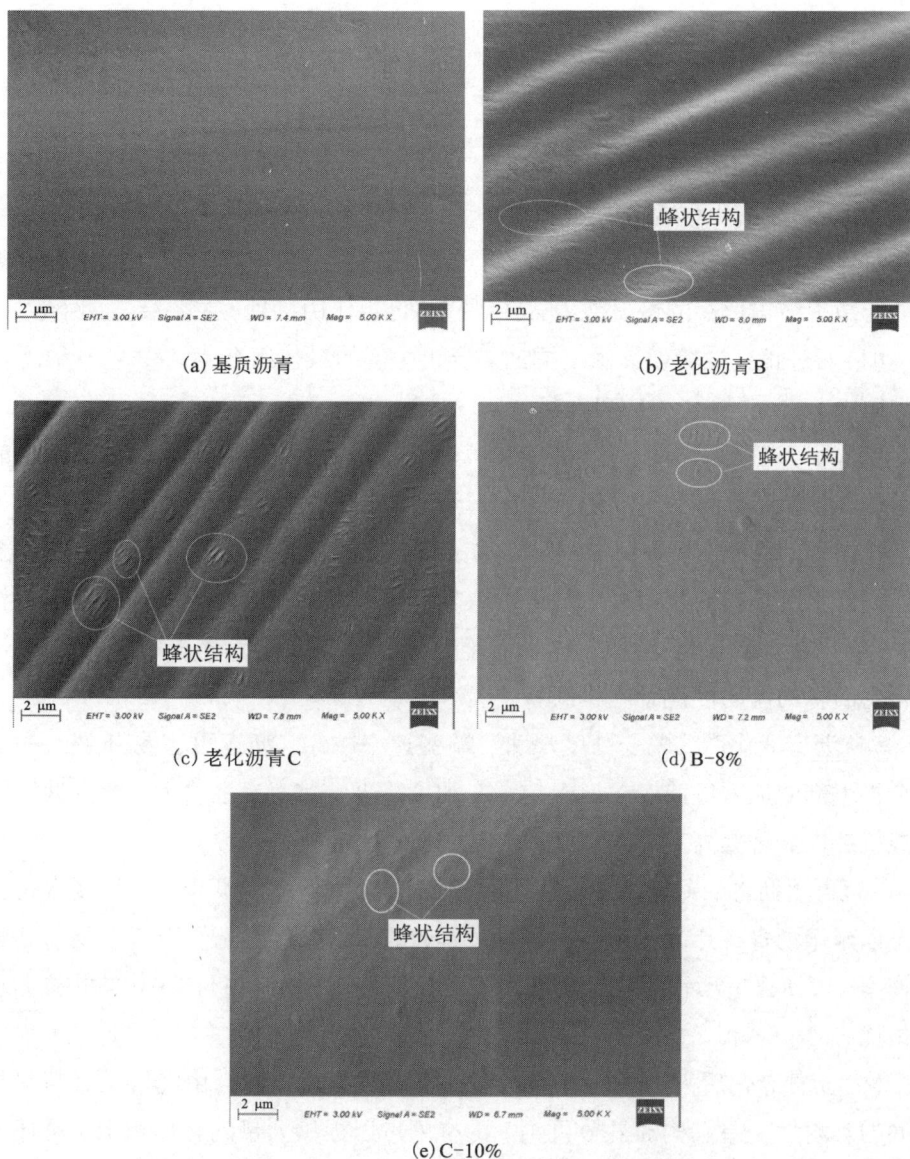

(a)基质沥青

(b)老化沥青B

(c)老化沥青C

(d)B-8%

(e)C-10%

图 4-36　扫描电镜下的不同沥青微观形貌图(5000×)

4.5　本章小结

本章主要采用桐油、增塑剂(邻苯二甲酸二辛酯 DOP)、增黏树脂(C9 石油树脂)与有机蒙脱土(OMMT)作沥青再生剂原材料，通过其正交试验设计确定最佳材料配比后制备桐油复合再生剂，分析桐油复合再生剂对老化沥青的宏观性能与微观结构形貌的恢复能力，并研究其再生作用机理，主要结论如下：

(1)通过正交试验设计确定桐油复合再生剂的最佳组合为 $A_1B_2C_3D_3$，即桐油：DOP：增黏树脂：OMMT = 25：5：2：3。

(2)沥青老化后黏度、复数模量、车辙因子增大，相位角减小，分子运动能力减弱，沥青流动性变差，沥青抵抗变形能力增强。桐油复合再生剂的掺入可使老化沥青的黏度、复数模量、车辙因子降低，相位角增大，并且均能恢复至基质沥青水平。桐油复合再生剂可以恢复老化沥青的流动性，并且在合适掺量(对于老化沥青 B 掺量不超过 8%；对于老化沥青 C 掺量不超过 10%)下能够保证再生沥青的流动性优于基质沥青。

(4)沥青老化后，蠕变劲度增大，蠕变速率减小，沥青更容易开裂。桐油复合再生剂的加入可使老化沥青的蠕变劲度降低，蠕变速率增大，再生沥青的低温抗裂性显著提高。

(5)再生沥青的 CMAI 小于基质沥青，PMAI 大于基质沥青，桐油复合再生剂可以延缓沥青在热氧作用下的老化过程，也可以对紫外光作用产生反射和吸收作用，可使再生沥青的抗老化能力显著提高，其中 B-8% 与 C-10% 的抗老化性最优。

(6)沥青老化后大分子沥青质增多，导致沥青的表面自由能降低，与集料之间的黏附性变差。桐油复合再生剂的掺入可以提供大量的轻质组分，可使老化沥青的表面自由能增大，从而增强再生沥青与集料表面的黏附性，并且石灰岩与沥青的黏附性优于玄武岩。

(7)桐油复合再生剂的 FTIR 图表明它是以富含芳烃的轻质组分为主，且再生沥青的特征峰与基质沥青基本一致，表明桐油复合再生剂有利于老化沥青中的极性物质的分散溶解。沥青老化后生成羰基、亚砜基等极性官能团，导致沥青的 LMS 含量增加，MMS 与 SMS 含量减小，桐油复合再生剂的加入可以降低老化沥青中的 LMS 含量，增加 MMS 与 SMS 含量，但是不能完全使这些极性官能团含量恢复至基质沥青水平。

（8）再生沥青经过 PAV 老化后，羰基（CI）、亚砜基（SI）与芳香族（AI）官能团指数增大，脂肪族（BI）官能团指数减小，同时老化沥青的 LMS 含量增加，MMS 与 SMS 含量减少。但是基质沥青经过 PAV 老化后的各官能团指数 CI、SI、AI 与 BI 的增量远远大于再生沥青，同时 LMS、MMS 与 SMS 分子含量的增量远大于再生沥青，表明再生沥青老化后各官能团指数与各分子含量变化幅度较小，沥青在老化过程中衰减较慢，桐油复合再生剂可以显著提高再生沥青的抗老化性。

（9）沥青老化后大分子含量增加，沥青表面出现大量褶皱纹理，并且存在尺寸较大的蜂状结构，桐油复合再生剂的加入可使老化沥青的褶皱消失，表面形貌趋于平整[114]。

第5章 SBS-废食用油复合再生剂组成设计及再生沥青性能

5.1 原材料及复合再生剂组成设计

5.1.1 原材料及基本性能

1. SBS

本章所采用的 SBS(YH-791)由巴陵石化公司提供,其主要性能参数见表 5-1。

表 5-1 SBS 主要性能参数

结构	型号	嵌段比 S/B	拉伸强度/MPa	邵氏硬度
线性	YH-791	30/70	29	76

2. **废食用油 WCO**

本研究所用废食用油为回收的餐饮废油,常温下呈深棕色液体,如图 5-1 所示。试验前采用过滤工艺去除固体杂质。废食用油的水分和杂质低于

1%，旋转黏度和密度分别为 0. 048 Pa · s（60 ℃）和 0. 93 g/cm³。WCO 的酸值是 WCO 对沥青高温性能影响的关键参数，酸值越低，WCO 改性沥青的抗车辙性能越强[115, 116]。按照《食品安全国家标准 食品中酸价的测定》（GB 5009. 229—2016）对所使用的 WCO 进行酸值测定，结果为 30. 24 mg KOH/g。

图 5-1　废食用油

3. 基质沥青

本试验选取湖南宝利沥青有限公司的 70# 石油沥青进行试验，基本性能见表 5-2。

4. 老化沥青

本书通过对基质沥青进行室内试验模拟沥青服役后的老化状态，其主要方法是：按照《公路工程沥青及沥青混合料试验规程》（JTG E20 — 2011）的 T 0610—2011 和 T 0630—2011，先后使用旋转薄膜加热试验（rolling thin-film oven test，RTFOT）[117] 和压力老化容器加速老化沥青试验（pressure aging vessel，PAV）对基质沥青进行短期老化和长期老化处理，分别模拟沥青材料在生产施工（拌和、储存、运输、摊铺等）过程中和在路面服役 7～8 年发生的老化情况[118]。所得的长期老化沥青性能如表 5-2 所示。

表 5-2　沥青老化前后常规指标

项目	针入度(25 ℃, 100 g, 5 s)/(0.1 mm)	延度(15 ℃, 5 cm/min) /cm	软化点 (环球法)/℃
基质沥青	57.5	>100	50.0
老化沥青	21.4	3.0	63.0
试验方法	T0604	T0605	T0606

5.1.2　再生沥青制备

本试验采用的 SBS-WCO 复合沥青再生剂由 SBS 和 WCO 两种原材料组成，不同配比复合再生剂及其再生沥青制备过程如下：

(1)在再生剂掺量为 10%(占沥青质量分数)条件下，按照 $m_{SBS}：m_{WCO} = 1：1.5$ 比例分别称取两种原材料 SBS 8.57 g、WCO 21.43 g，装入烧杯备用。

(2)在(170±5) ℃[119]温度下，使用手动搅拌方式，将 SBS 和 WCO 置于数显控温电热套上加热混合 1 h 使 SBS 处于熔融状态，而后调节电热套温度为 165 ℃保温 5 min 使 SBS 聚合物在 WCO 中充分溶胀，制得 SBS-WCO 复合沥青再生剂如图 5-2 所示。

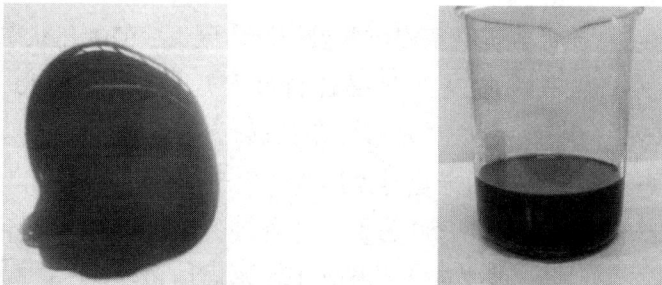

图 5-2　SBS-WCO 复合沥青再生剂

(3)称取 300 g 老化沥青提前置于另一数显控温电热套上，设置温度为 135 ℃，持续加热老化沥青至流动状态后进行保温。

（4）将保温后的 SBS-WCO 复合沥青再生剂加入流动状态老化沥青中，利用高速剪切仪以 1000 r/min 在（165±5）℃下剪切 30 min[120]，制备 SBS-WCO 复合再生沥青。

（5）根据表 5-3 称取 SBS 和 WCO，重复步骤（1）~（4），分别制备不同配比复合再生剂及相应再生沥青。为简化后文表述，根据复合再生剂各组分配比不同对再生沥青进行命名，如 $m_{SBS}:m_{WCO}=1:1.5$ 再生沥青命名为 AR1，以此类推，其余再生沥青命名分别为 AR2、AR3、AR4、AR5。

表 5-3　不同再生沥青组分掺量及名称

再生沥青	$m_{SBS}:m_{WCO}$	各组分占沥青质量分数/%		复合再生剂占沥青质量分数/%	SBS-WCO 复合再生沥青各材料称取质量/g		
		SBS	WCO		SBS	WCO	PAV
AR1	1 : 1.5	4.00	6.00	10	12.00	18.00	300
AR2	1 : 2.5	2.86	7.14	10	8.57	21.43	300
AR3	1 : 3.5	2.22	7.78	10	5.67	23.33	300
AR4	1 : 4.5	1.82	8.18	10	5.45	24.55	300
AR5	1 : 5.5	1.54	8.46	10	4.62	25.38	300

（6）按照 $m_{SBS}:m_{WCO}=1:2.5$，先将 12 g SBS 与 300 g 流动状态老化沥青在（170±5）℃下以 1000 r/min 剪切 30 min，随后掺入 18 g WCO 在（165±5）℃下剪切 30 min，制备再生沥青 AR2-1 作为 AR2 对照组。

（7）首先将 WCO 在（170±5）℃下加热 1 h，模拟 SBS-WCO 复合再生剂预溶胀过程，使两者具备相同热历史条件，随后重复步骤（3）~（4），制备 WCO 再生沥青。

基于对再生老化沥青基本原理的研究，再生剂应当满足一定技术要求。沥青老化后黏度增加，因此在对老化沥青进行再生时，应对再生剂黏度进行控制，恢复沥青的性能。适宜再生剂黏度有助于促进沥青融合。表 5-4 给出了不同 $m_{SBS}:m_{WCO}$ 复合再生剂在 135 ℃下的布氏旋转黏度。

表 5-4 不同 $m_{SBS} : m_{WCO}$ 复合再生剂布氏旋转黏度(135 ℃)

$m_{SBS} : m_{WCO}$	1 : 1.5	1 : 2.5	1 : 3.5	1 : 4.5	1 : 5.5
布氏旋转黏度/(mPa·s)	1460	1250	1070	1050	980

5.1.3 预溶胀效果研究

本节选用嵌段比 3/7 的线性 SBS 分子与 WCO 混合进行预溶胀处理。为分析预溶胀处理对再生沥青流变性能及 SBS 在沥青中微观分布状态的影响,对 SBS-WCO 复合再生沥青展开宏观性能研究,本节采用温度扫描和荧光显微镜试验对再生沥青微观结构和流变性能进行表征。

本研究使用图像处理软件将再生沥青荧光图像进行二值化处理,后续使用软件测量并统计 SBS 胶粒的长轴长度,以此表征 SBS 的胶粒大小,为减小图像中噪点影响,本研究仅统计了图像中直径为 5 个像素点(1.17 μm)以上的颗粒用作计算。

由图 5-3 可知,通过预溶胀工艺制备的再生沥青,其车辙因子明显高于未

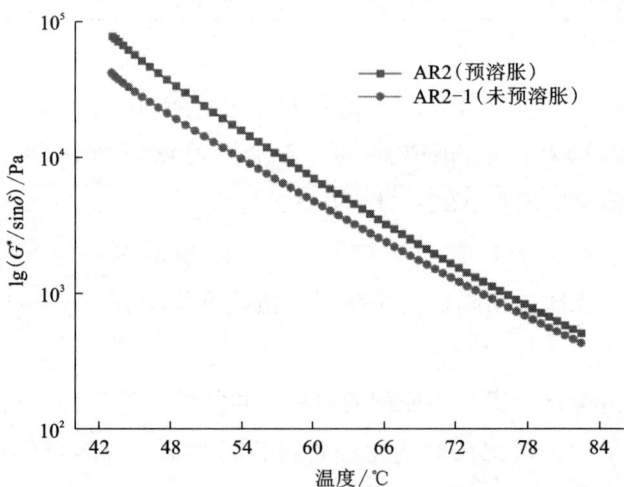

图 5-3 预溶胀对再生沥青流变性能的影响

预溶胀、直接掺入 WCO 和 SBS 的再生沥青试样，在 64 ℃下，AR2 车辙因子（4167. 1 Pa）较 AR2-1（2981. 4 Pa）提高了 39.8%，抗车辙性能有较大提升。这与 SBS 在沥青中的分布状态有关，对于掺加了 SBS 的沥青而言，其流变性能很大程度上取决于 SBS 在沥青内部的分布状态[121]。图 5-4(a)、(c)显示，AR2-1 中 SBS 颗粒最大粒径明显大于 AR2 试样，且 AR2 试样中 SBS 颗粒分布更均匀，说明预溶胀后的 SBS 经剪切混合后在沥青中分散的均匀性明显提高，SBS 团聚现象有所缓解，其内部 SBS 相与沥青相结合更紧密，提高了再生沥青的高温稳定性。

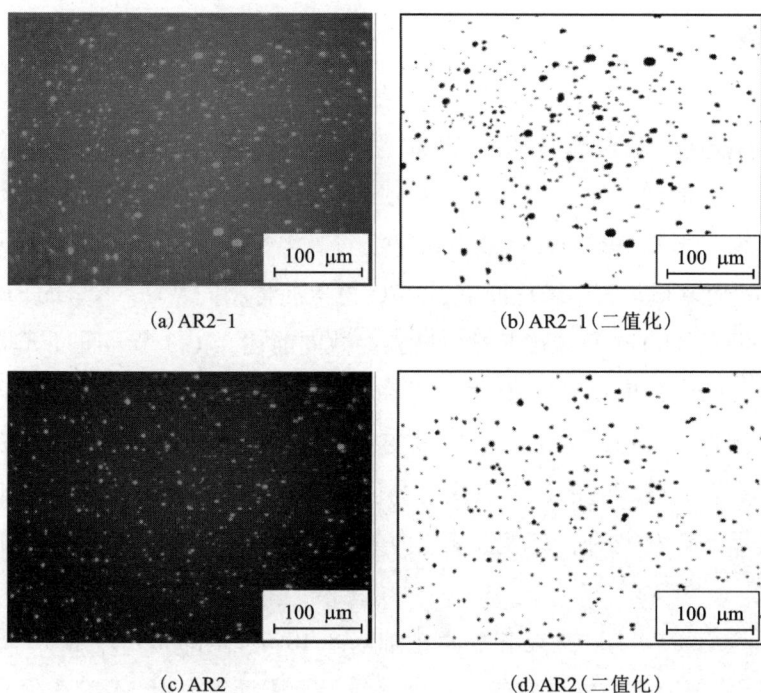

(a) AR2-1　　　　　　　　　　(b) AR2-1(二值化)

(c) AR2　　　　　　　　　　(d) AR2(二值化)

图 5-4　预溶胀对 SBS 在沥青中空间分布的影响(200×)

为定量描述 SBS 在再生沥青中的分布情况，本研究计算了 SBS 胶粒的尺寸特征。如表 5-5 所示，预溶胀处理后，在荧光显微镜图像显示范围内，SBS 胶粒最大直径降低了 3. 24 μm，平均直径减小了 0. 49 μm，SBS 团聚形成的大颗粒构象数量明显减少，且整体胶粒尺寸的均匀性得到了较大改善，胶粒直径整体方差统计降低了 42.8%，表明预溶胀处理对于实现 SBS 在沥青中的均匀分散效果十分显著。AR2 试样内部小颗粒、均匀分布的 SBS 胶粒，其比表面积远大于 AR2-1 内部的 SBS 颗粒，通过溶胀作用吸附在胶粒表面的沥青相成分更多，改性效果更好，使 AR2 试样表现出优于 AR2-1 试样的高温抗车辙性能。

表 5-5　SBS 胶粒尺寸统计

试样	胶粒数量	最大直径/μm	最小直径/μm	平均直径/μm	方差
AR2	384	12.61	1.17	3.06	2.87
AR2-1	437	15.85	1.17	3.55	5.02

5.1.4　SBS 对复合再生沥青高温性能影响研究

为研究 SBS 对 SBS-WCO 复合再生沥青高温性能的提升，在 46 至 80 ℃ 温度范围内，对基质沥青、老化沥青、WCO 再生沥青和同 WCO 掺量的 SBS-WCO 复合再生沥青 AR4 进行温度扫描，试验参数同前述 5.1.3 节，通过试验获得不同沥青试样的复数模量 G^*、相位角 δ 和车辙因子 $G^*/\sin\delta$ 来进行高温性能对比研究。沥青在剪切应力作用下抵抗变形的能力常用复数模量 G^* 来表征，是沥青试样在临界破坏时的最大剪应力与受到荷载之后所产生的形变的比值。相位角 δ 表示沥青发生的形变落后于应力的相位差，主要与沥青内部黏弹性成分比例有关。

由图 5-5(a) 可知，向老化沥青中加入 8.18% 掺量的 WCO，WCO 再生沥青的 G^* 便能恢复至基质沥青水平，甚至稍弱于基质沥青。以 54 ℃ 为例，复合再生沥青、WCO 再生沥青和基质沥青的 G^* 分别为 12098 Pa、5822 Pa、6819 Pa，WCO 再生沥青的 G^* 仅恢复至基质沥青的 85.4%。但在同 WCO 掺量下，SBS-WCO 复合再生沥青的 G^* 分别为 WCO 再生沥青和基质沥青的 2.1 倍和 1.77 倍，这说明 SBS 的加入使得再生沥青的高温性能大幅提升，SBS-WCO 再生沥青的抵抗变形能力优于 WCO 再生沥青和基质沥青。这是因为 SBS 增大了复合再生沥青中大分子比例，从而提高了复合再生沥青的 G^*。

(a) 复数模量

(b) 相位角

(c) 车辙因子

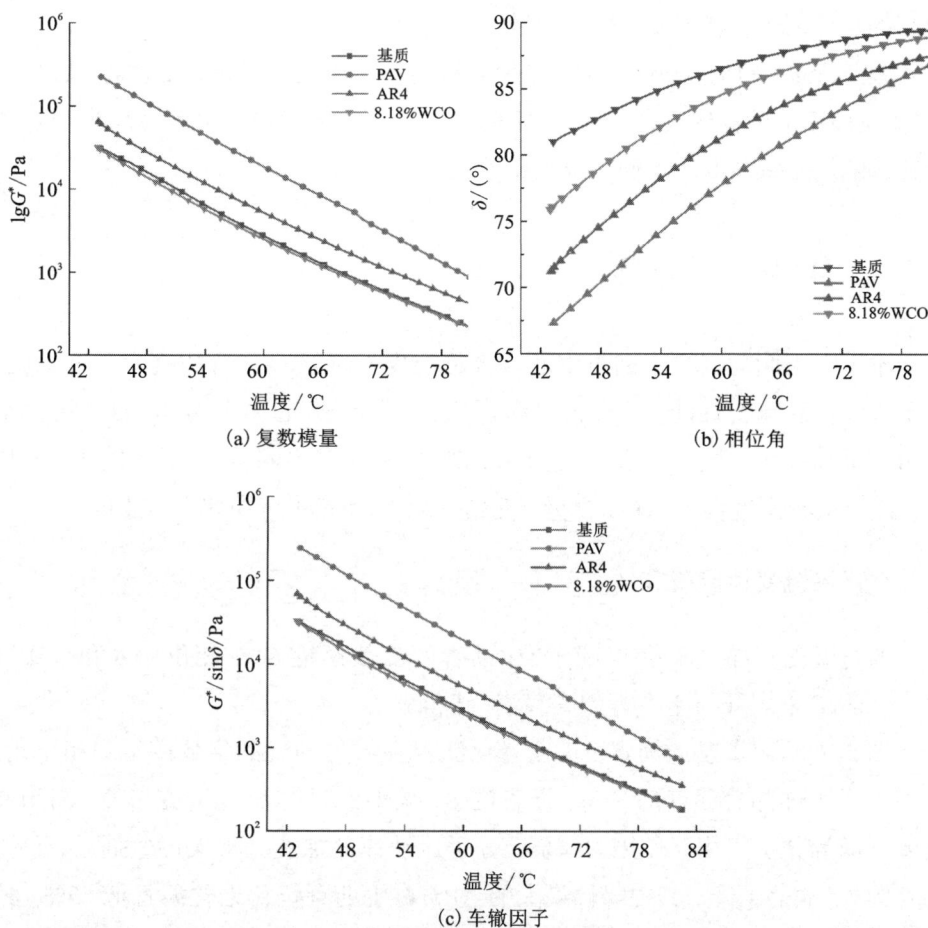

图 5-5　复合再生沥青和 WCO 再生沥青的流变参数

图 5-5(b) 中 WCO 再生沥青和 SBS-WCO 复合再生沥青的相位角 δ 均大于老化沥青，说明再生剂的加入能够改善老化沥青的黏弹性比例。54 ℃时，WCO 再生沥青相位角为 78.22°，相较于老化沥青的 73.94°增大了 4.28°。而 SBS-WCO 复合再生沥青的相位角增大了 8.19°。对比 WCO 再生沥青和 SBS-WCO 复合再生沥青的相位角发现，复合再生沥青的相位角明显高于 WCO 再生沥青，更接近基质沥青水平。

图 5-5(c) 中 $G^*/\sin\delta$ 的规律类似于 G^*，以 54 ℃为例，SBS-WCO 复合再

生沥青的 $G^*/\sin\delta$ 是 WCO 再生沥青的 2.05 倍，SBS 的加入能使再生沥青具有较高的车辙因子，抗车辙性能更优越。

因此，SBS 的加入使得 WCO 再生沥青的各项流变性能指标更优越，在均衡 WCO 负面影响的同时也能使再生沥青的抵抗变形能力和抗车辙性能优于基质沥青，显著提高再生沥青的高温流变性能。

5.1.5 复合再生剂组成设计

本节对不同配比再生剂再生沥青进行温度扫描试验和弯曲蠕变劲度试验，评价其高低温流变性能，结合再生沥青的荧光图，确定 SBS-WCO 复合再生剂各组分最佳配比。同时通过荧光显微镜观察 SBS 在不同再生沥青中的分散情况，评价预溶胀过程中 WCO 含量对最终 SBS 在沥青中分布状态的影响。

1.高温流变性能研究

通过温度扫描试验获得不同再生沥青的复数模量 G^*、相位角 δ 和车辙因子 $G^*/\sin\delta$ 来表征再生沥青的高温流变性能。

图 5-6 给出了基质沥青、长期老化沥青和再生沥青的复数模量和相位角。由图 5-6 可知随着温度的升高，沥青的 G^* 减小，G^* 与温度呈负相关，因为在高温下沥青分子间相互作用力减弱，分子运动速率加快。加入再生剂后，再生沥青的 G^* 显著下降，其中降幅最大的 AR5 再生沥青仍比老化沥青低 65%。这是因为沥青的复数模量与内部大分子比例密切相关，复合再生剂中 WCO 能够补充老化沥青的轻质组分，降低大分子比例，使再生沥青表现出更弱的抗变形能力。以 54 ℃为例，在 WCO 掺量增加、再生剂中 SBS∶WCO 比值由 1∶1.5 降低至 1∶5.5 时，沥青小分子占比上升，再生沥青的 G^* 下降幅度依次为 22.7%、13.0%、6.8%、54.0%。在 SBS∶WCO 比值增大的同时，SBS 热塑性弹性体掺量上升，沥青弹性成分增多，减缓了沥青材料随温度升高由弹性体向黏性体转变的进度，高温性能有一定提升。但图 5-6 中 54 ℃时 AR5 的 G^* 相比于 AR4 下降了 54.0%，说明该比例下的 SBS 缓解 WCO 对沥青高温性能造成负面影响的能力有限，WCO 占比过高，SBS 与 WCO 的改善效果只能在一定范围内相互制衡，因此在本研究条件中，再生剂中 SBS 与 WCO 的配比建议小于

1：5.5，既能在一定程度上恢复老化沥青高温流变性，也具有较强的高温抗变形能力。

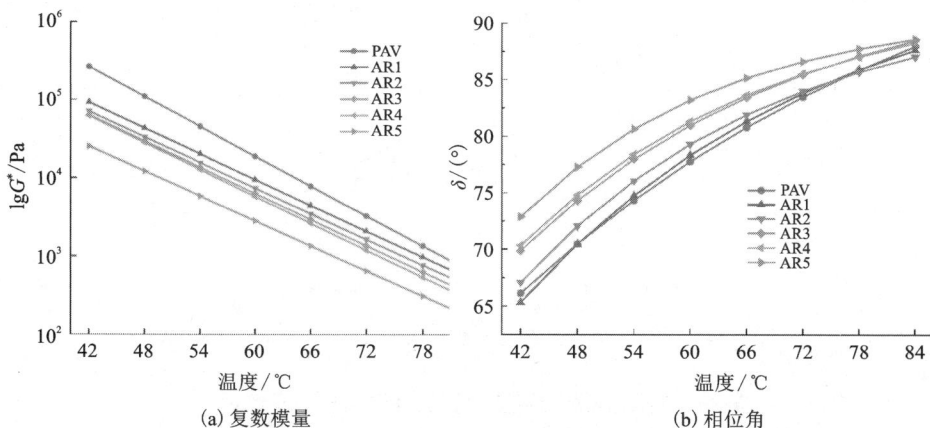

(a) 复数模量　　　　　　　　　　(b) 相位角

图 5-6　再生剂配比变化对再生沥青复数模量和相位角的影响

如图 5-6 所示，所有复合再生沥青的相位角 δ 均增大，说明再生剂的加入能够恢复老化沥青的黏弹性比例。随着 SBS：WCO 比值减小，再生沥青的 δ 增大但其增长斜率减小，这是因为 SBS 占比增大补充了更多的弹性成分，WCO 带来的黏性成分减少，综合减缓了再生沥青变形恢复能力的下降趋势，使得AR5 再生沥青在 42 至 78 ℃范围内的相位角最大，变形恢复能力减弱，产生的塑性形变最大，温度敏感性降低。

由图 5-7 可知 AR1 再生沥青的 $G^*/\sin\delta$ 在试验温度内低于老化沥青，说明复合再生剂对老化沥青的抗车辙性能有一定削弱。随着 $m_{SBS}：m_{wco}$ 的减小，复合再生沥青的车辙因子逐渐减小，AR2～AR4 下降幅度差不多，但 AR5 的 $G^*/\sin\delta$ 骤降。以 54 ℃为例，随着 $m_{SBS}：m_{wco}$ 比值减小，AR2～AR4 分别下降了 23.1%、13.6%、6.99%，而 AR5 下降了 54.4%。这说明该配比下复合再生剂对老化沥青抗车辙性能削弱效果较强，复合再生剂中的 WCO 成分对老化沥青抗车辙性能的降低起主要作用，此时 SBS 的掺量已不能均衡 WCO 对高温性能带来的负面影响。因此为保证老化沥青再生后有足够的高温性能，SBS：WCO 的比值应低于 1：5.5。

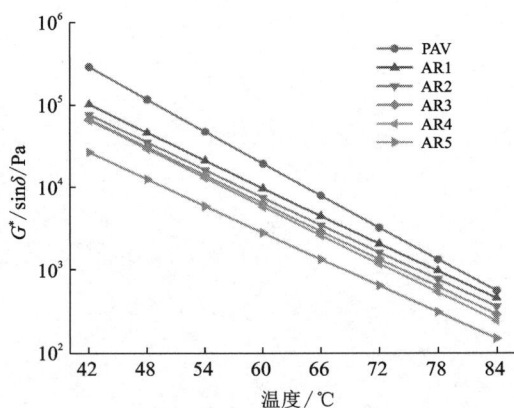

图 5-7　再生剂配比变化对再生沥青车辙因子的影响

2. 低温流变性能研究

　　沥青的弯曲梁蠕变试验(BBR)能够很好地模拟沥青在低温下的应力变化情况,是一种静载三点完全蠕变试验。参照《公路工程沥青及沥青混合料试验规程》(JTGE 20 — 2011) T 0627—2011, BBR 在−12 ℃、−18 ℃、−24 ℃三个温度下进行,检测试样的蠕变劲度 S 和蠕变速率 m 以评价再生沥青低温性能,计算公式见式(5-1)、式(5-2):

$$S(t) = \frac{PL^3}{4bh^3\delta(t)} \tag{5-1}$$

$$m = \frac{\mathrm{dlg}[S(t)]}{\mathrm{dlg}t} \tag{5-2}$$

　　式中: $S(t)$ 为 t 时刻的蠕变劲度, MPa; P 为施加的恒定荷载, mN; L 为梁跨径, mm; b 为梁宽度, mm; h 为梁高度, mm; $\delta(t)$ 为 t 时刻的跨中挠度, mm; m 为 t 时刻沥青劲度随时间变化的速率。

　　沥青材料在外力作用下发生形变,与微观角度下分子的流动和变形行为有关。SBS 是由苯乙烯、丁二烯构成的嵌段共聚物,内部聚丁二烯链段主链的单键受到外力后可以内旋转,高分子链产生伸展或蜷曲,能产生很大的变形,在低温下仍具有较强的柔性; WCO 作为小分子油分,在沥青分子中流动所需要的自由体积相比于沥青而言更小，在低温环境下的流动性优于沥青材料，因此 WCO 和 SBS 均能提高老化沥青的低温变形能力，防止老化沥青在低温下发生脆断。由图 5-8 可知，在同一温度条件下，随着 $m_{SBS} : m_{WCO}$ 的减小，再生沥青的蠕变劲度 S 逐渐减小，蠕变速率 m 值增大，说明再生沥青的低温变形能力增强，WCO 对于老化沥青柔性的提升效果优于相同质量的 SBS。需要注意的是，当 $m_{SBS} : m_{WCO}$ 由 1:4.5 降低至 1:5.5 时，两种沥青的低温蠕变性能并未得到明显提升，可能是 WCO 的相对含量提高使 SBS 颗粒剪切后更分散，胶粒之间距离更远，使 SBS 难以形成连续相结构，吸收沥青材料承受的荷载，削弱了 SBS 对老化沥青柔性的改善效果。因此 $m_{SBS} : m_{WCO}$ 推荐为 1:4.5。

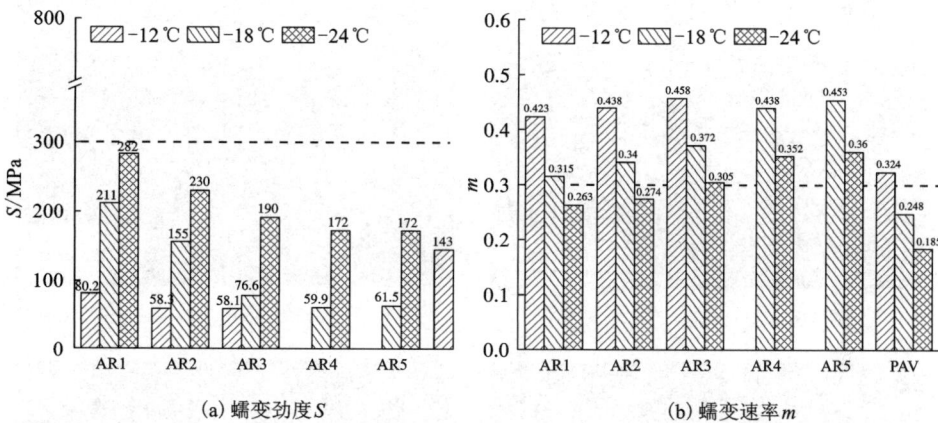

图 5-8　再生剂配比变化对再生沥青蠕变劲度和蠕变速率的影响

3. 微观结构研究

通过 SBS 在不同组分配比复合再生沥青中的微观形貌评价 WCO 及其掺量对 SBS 分散状态的影响，观察结果如图 5-9 所示。本次试验统一选取 200× 的放大倍率在 25 ℃下观察 SBS 在沥青和 WCO 中的分散情况。

相关研究表明[122]，较大的剪切速率能增大聚合物改性剂在沥青中比表面积、降低聚合物粒子粒度，以此来吸附更多沥青组分，形成更多以聚合物粒子为中心的胶体，从而缩小聚合物胶体与沥青胶体之间的距离，形成聚合物网

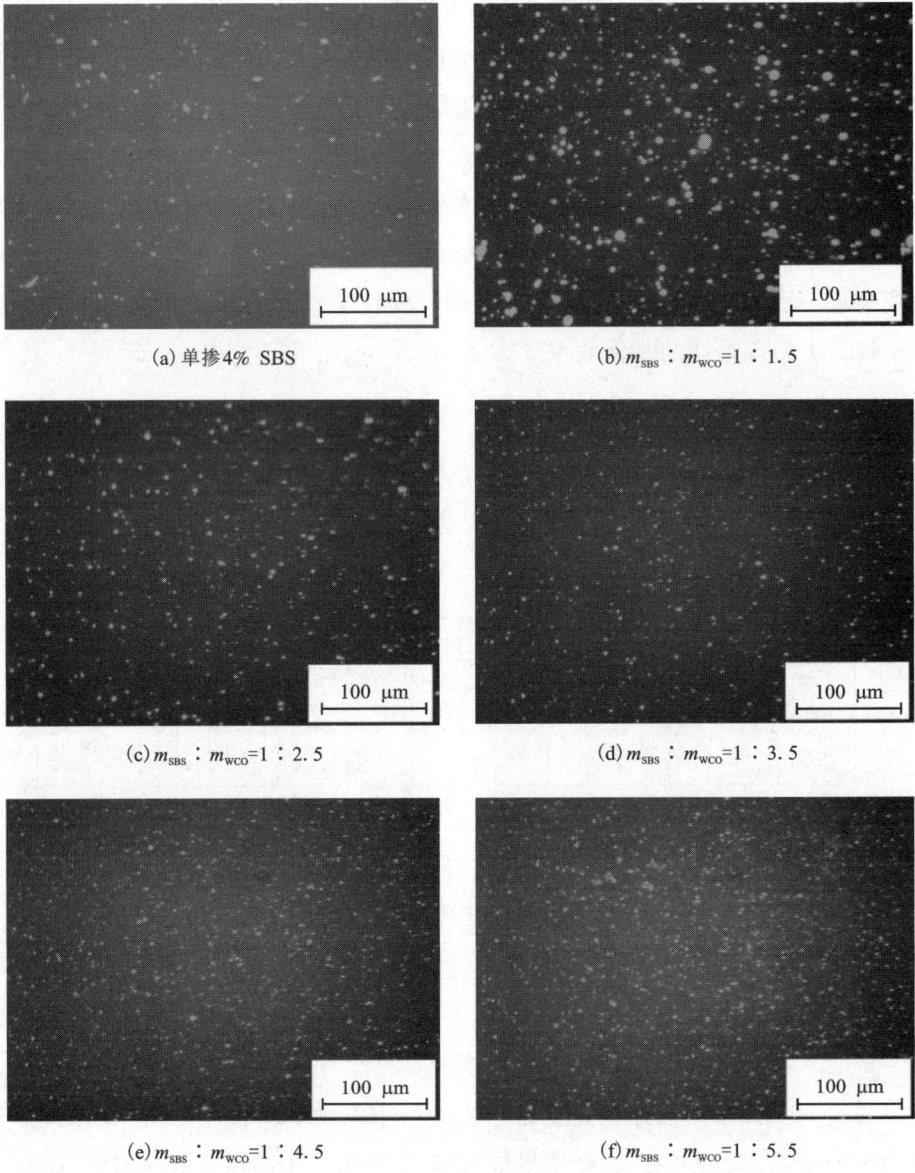

(a) 单掺4% SBS

(b) m_{SBS}：m_{WCO}=1：1.5

(c) m_{SBS}：m_{WCO}=1：2.5

(d) m_{SBS}：m_{WCO}=1：3.5

(e) m_{SBS}：m_{WCO}=1：4.5

(f) m_{SBS}：m_{WCO}=1：5.5

图 5-9　不同再生沥青荧光显微照片 (200×)

络。图 5-9 的荧光显微结果显示，由于 SBS 掺量过低，在荧光显微镜中 SBS 呈分散颗粒状，未观察到 SBS 形成三维网状结构。

图 5-9(a)为向老化沥青中单掺 4%SBS 的荧光显微图，图中 SBS 颗粒较少且零散分布，而图 5-9(b)复掺 4%SBS%+6%WCO 的再生沥青中 SBS 颗粒比表面积增大，分散程度也显著提高。这是因为沥青老化后轻质油分较少，而 WCO 中含有大量轻质油分，使得 SBS-WCO 复合再生剂混合后，SBS 吸收了大量油而膨胀。并且随着 WCO 掺量增加、$m_{\text{SBS}} : m_{\text{WCO}}$ 减小，再生沥青中 SBS 胶粒数量并没有随着聚合物浓度降低而减少，反而点状分布更加密集。这可能是由于 SBS 的聚丁二烯(PB)段充分吸收 WCO 后膨胀疏松，从而可以剪切成更小的 SBS 颗粒，确保了 SBS 在沥青中稳定均匀的分散效果，SBS 和沥青间相容性与再生沥青的弹性得到改善[123]。因此随着 $m_{\text{SBS}} : m_{\text{WCO}}$ 减小，再生沥青中 SBS 颗粒间粒度差异越来越小。WCO 占比升高增加了混合物的流动性。前文复合再生沥青的复数模量 G^* 下降也可能与此有关，SBS 溶胀使得高分子链之间的距离变长，相互作用减弱，显著增加再生沥青的流动性[124]。

总体上，通过对 SBS-WCO 复合再生剂进行预溶胀处理，能够使 SBS 在再生沥青中分布的均匀性得到显著改善，防止 SBS 在沥青中发生大块团簇，能够改善 SBS 与沥青之间的相容性，吸附更多沥青中的芳香烃和饱和分，使 SBS 和沥青结合更紧密，充分发挥 SBS 本身的优异性。同时，SBS-WCO 预溶胀使得 SBS 蜷曲的分子链得到舒展，增大了 SBS 与沥青之间的接触面，便于均匀地传递应力，提高了再生沥青的抗剪性。因此随着 WCO 在复合再生剂中占比的增大，SBS-WCO 与老化沥青形成了更加均匀稳定的共混体系，再生沥青的高低温流变性也有一定的降低。从微观结构分析，WCO 占比越大，SBS 溶胀效果越好，在沥青中分散越均匀。为了避免复合再生剂中的油分在再生沥青制备过程中的质量损失，本研究未对 SBS 进行高温发育，可能导致 AR1、AR2 等 SBS 含量相对较高的试样内部 SBS 溶胀过程并不完全，限制了 SBS 对再生沥青流变性能的改善。综合考虑再生沥青的高温抗变形能力、低温蠕变性能，试验后续考虑复合再生剂中 $m_{\text{SBS}} : m_{\text{WCO}}$ 的预溶胀比例为 1∶4.5，以确保复合再生沥青具有足够的高温和低温流变性能。

5.2 复合再生沥青流变性能研究

在 $m_{SBS} : m_{WCO}$ 最佳配比 1∶4.5 下,本章采用流变学评价方法对再生沥青的高低温流变特性、高温蠕变恢复特性和疲劳特性进行研究,并结合 DSR 与 BBR 结果对不同掺量再生沥青进行高低温 PG 分级,确定 SBS-WCO 复合沥青再生剂的最佳掺量。

5.2.1 不同掺量再生沥青制备

固定 $m_{SBS} : m_{WCO}$ 最佳配比 1∶4.5,按照表 5-6 称取 8%、9%、10%、11%、12%(占沥青质量百分数)5 个掺量的复合沥青再生剂,重复前述 5.1.2 节中复合再生沥青制备步骤中(2)~(4),分别制备再生沥青 8%、9%、10%、11%、12%。

表 5-6   不同再生沥青组分掺量及名称

再生沥青	各组分占沥青质量分数/%		SBS-WCO 复合再生剂掺量/%	再生沥青各材料称取质量/g		
	SBS	WCO		SBS	WCO	PAV
8%	1.45	6.55	8	4.36	19.64	300
9%	1.64	7.36	9	4.91	22.09	300
10%	1.82	8.18	10	5.45	24.55	300
11%	2.00	9.00	11	6.00	27.00	300
12%	2.18	9.82	12	6.55	29.45	300

5.2.2　高温流变性能

1. 布氏旋转黏度

如图 5-10 所示，WCO 再生沥青在 135 ℃下的布式旋转黏度仅为 PAV 老化沥青的 64.7%，说明 WCO 能够使老化沥青的黏性得到一定程度恢复，这可能是由于 WCO 的加入导致了沥青质分子在高温下发生重组聚集[125]。对比掺量为 10% SBS-WCO 复合再生沥青和单掺同 WCO 掺量的 WCO 再生沥青的旋转黏度可知，复合再生沥青的旋转黏度高于 WCO 再生沥青，说明 SBS 对沥青的黏度有不利影响。此外随着再生剂掺量增加，WCO 含量的增加降低了分子间的运动阻力，再生沥青的旋转黏度逐渐降低，施工难度下降。

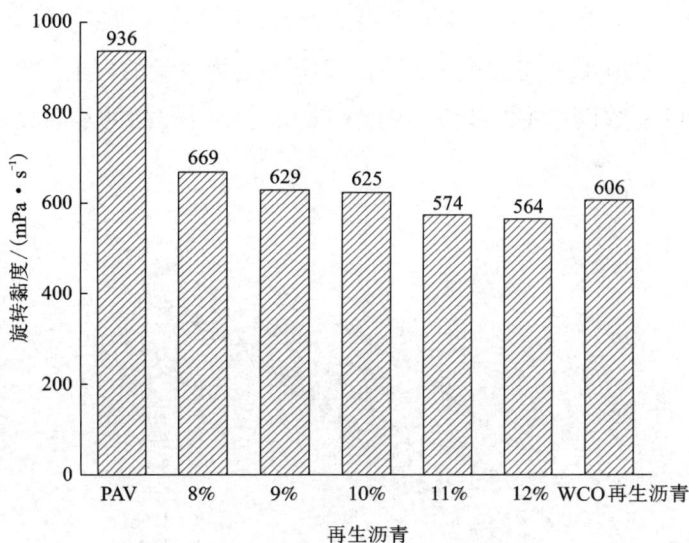

图 5-10　不同再生沥青的旋转黏度

2. 复数模量主曲线

为模拟沥青在实际使用过程中受到的动态加载过程，常借助频率扫描试验（frequency sweep），通过调整剪应力的作用频率，模拟不同车速车辆对沥青路面的作用，研究沥青在不同加载频率作用下的黏弹性行为。往往使用高频荷载模拟高速行车，低频荷载则模拟低速行车，获得沥青在不同车速下的力学响应来研究材料的流变特性。但是在实际试验过程中，由于时间等因素的限制，无法通过直接测试获得全部频率的复数模量和相位角。为减少工作量，常通过时温等效原理对时间和温度进行换算来获得宽频率范围下的黏弹参数。本书在 16 ℃、28 ℃、40 ℃、52 ℃四个温度下，分别在 0.1 至 10 rad/s 频率范围内对不同掺量再生沥青试样进行扫描。选用 8 mm 规格尺寸平板和转子，试验间隙设置为 2 mm。

沥青是一种典型的黏弹性材料，降低荷载作用频率对沥青分子的运动等效于升高温度，基于时温等效原理，以 20 ℃为基准温度，将四个试验温度下的复数模量和相位角沿频率移 $\lg\alpha(T)$ 的距离至 20 ℃，获得沥青在特定温度下宽频的复数模量主曲线和相位角主曲线。其中 $\alpha(T)$ 为位移因子，可以通过二次多项式法计算得出。$\lg\alpha(T)$ 正值代表沥青在该温度下的曲线水平向右平移，负值则向左平移。

图 5-11 是 20 ℃参考温度下，不同复合再生剂掺量的再生沥青与基质沥青和老化沥青的复数模量主曲线图。图 5-11 所有沥青样品的复数模量均随着加

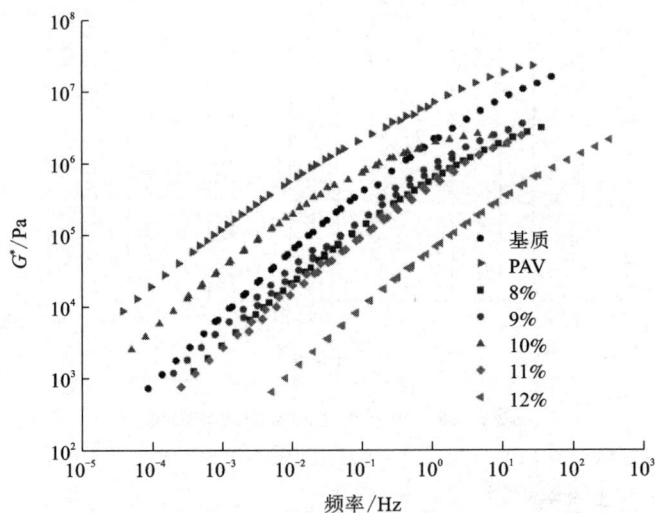

图 5-11 掺量变化对再生沥青复数模量主曲线的影响

载频率的升高而上升,说明沥青在高频(低温)下抵抗变形的能力更强。随着复合再生剂掺量的增加,再生沥青的 G^* 呈现先增大后减小的趋势,在掺量为10%时再生沥青的复数模量突变。掺量为10%的再生沥青在 $10^{-5} \sim 10^{0}$ Hz 频率范围内的 G^* 高于基质沥青,这与前述 5.1.5 节温度扫描结果所反映的规律一致。当频率逐渐提高时,10%复合再生沥青的 G^* 开始低于基质沥青,且在7.2 Hz 后开始有下降的趋势,说明在高频低温环境下,10%复合再生沥青承受剪切荷载的能力下降但不容易开裂。此外,加入复合再生剂后沥青的 G^* 均低于老化沥青,其中12%复合再生沥青的 G^* 降低幅度最大,甚至远小于基质沥青,说明再生剂掺量过高会减弱再生沥青的抗车辙能力。因此,为保证再生沥青在高温下有足够的抵抗车辙的能力,再生剂掺量不宜超过11%。

3.相位角主曲线

复合再生剂掺量对老化沥青黏弹性的影响可以用相位角 δ 来研究。由图 5-12 可知,老化沥青的 δ 最小,这是由于老化后轻组分和黏性成分损失,使得沥青中的弹性成分比例上升,在低温下容易发生脆断。随着复合再生剂掺量的增加,再生沥青的 δ 增大,这是因为 WCO 中的轻质组分及相关官能团对老化沥青进行了补充,对老化沥青的软化程度更明显。添加 WCO 能够在一定程度上改善老化沥青的黏弹性性能。在 $10^{-4} \sim 10^{0}$ Hz 的低频范围内,复合再生剂

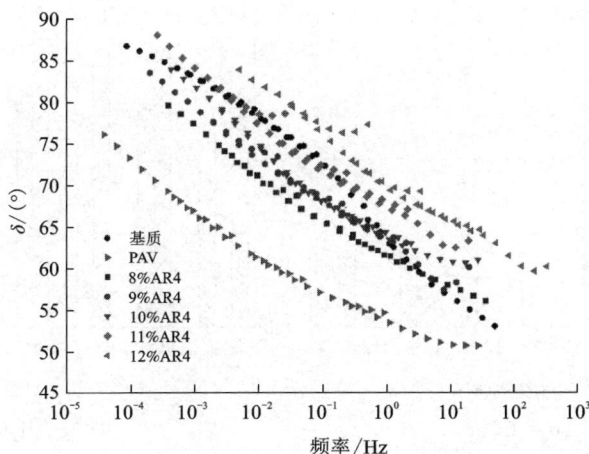

图 5-12　掺量变化对再生沥青相位角主曲线的影响

掺量为 8%~10% 的再生沥青的相位角低于基质沥青，这是由于 SBS 在高温下不断降解使得沥青中的弹性成分较多，更不易产生永久变形。频率增加、温度降低，相位角反而有超过基质沥青的趋势。在频率大于 10^1 Hz 后，所有沥青试样的相位角高于基质沥青，这是 WCO 起突出作用导致沥青的黏性成分增加，不易发生脆断。复合再生剂既延续了 SBS 对再生沥青高温性能的提升，又保留了 WCO 对再生沥青低温柔韧性的改善效果。图 5-12 中相位角随掺量的增加，相位角平台区相对增加，说明聚合物分子链缠结程度越来越大。但是再生沥青的相位角主曲线平台区并不明显，说明预溶胀 SBS-WCO 复合再生剂能显著减小 SBS 的团聚，与前述 5.1.3 节中的结论相互佐证。

5.2.3　低温流变性能

弯曲蠕变劲度和蠕变速率是评价沥青低温流变性能的两个重要指标。对基质沥青、老化沥青以及不同复合再生剂掺量的再生沥青进行了沥青弯曲蠕变劲度试验，试验温度为 -12 ℃、-18 ℃、-24 ℃，试验结果如图 5-13 所示。但是 -12 ℃下，再生沥青太软导致在测试过程前期试样变形过大，超过 ASTMD 6648-08(2016) 现行规范中所要求的 4 mm，试验无法完成，与前文 4.3.3 相位角所反映的规律一致。

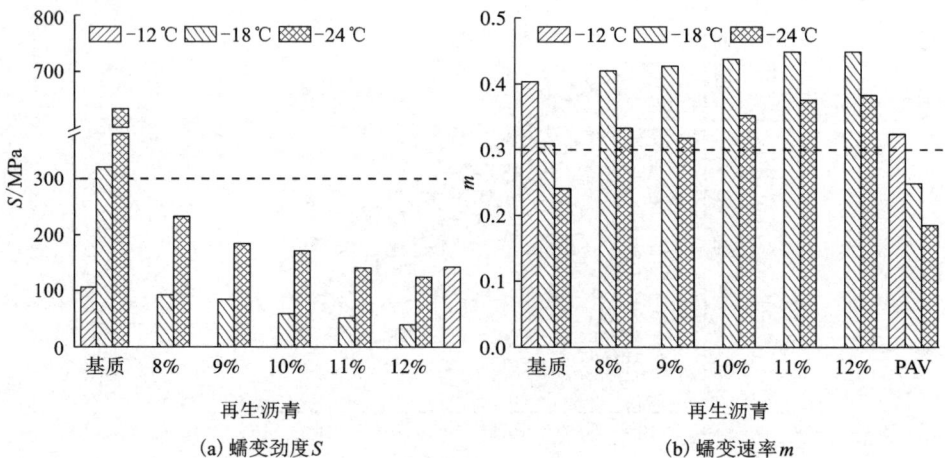

(a) 蠕变劲度 S   (b) 蠕变速率 m

图 5-13　掺量变化对再生沥青蠕变劲度和蠕变速率的影响

当温度为 -12 ℃时，老化沥青的 $S < 300$ MPa、$m > 0.3$，均符合 SHRP 规范要求，但是随着温度降低，老化沥青的 S 和 m 开始超出该范围。而在三个试验温度下，所有再生沥青的 $S < 300$ MPa、$m > 0.3$，满足 SHRP 规范。-18 ℃、-24 ℃时相较于基质沥青，加入复合再生剂后，蠕变劲度 S 和蠕变速率 m 变化幅度较大。如 -18 ℃时，基质沥青的 S 为 319 MPa，而 8%复合再生沥青的 S 为 93.4 MPa，m 从 0.309 改善至 0.409，说明复合再生剂对老化沥青低温性能改善效果较好。复合再生剂能够提高老化沥青释放应力的能力，不易开裂，有效恢复老化沥青的低温流变性能。

同温度下，随着复合沥青再生剂掺量增加，沥青的 S 逐渐减小，m 增大，沥青柔韧性增强。这是因为 WCO 能够增强老化沥青的应力松弛能力，从而改善老化沥青的低温抗开裂性能，且 SBS 聚合物在低温下的主导作用有助于避免 WCO 引起沥青过度软化。此外，SBS 的软段（聚丁二烯）会与沥青发生交联反应来改善沥青的低温性能[126]。-18 ℃时，11%和 12%掺量再生沥青 m 值分别为 0.449、0.448，说明在该温度下，再生剂掺量增加对沥青应力松弛能力的改善效果不再增强。在 -24 ℃下，9%掺量再生沥青 m 值接近于规范要求的 0.3，但其 S 值仍比规范要求的 300 MPa 低 54%、比基质沥青低 86%，低温性能优于基质沥青。该温度下，掺量最低的 8%再生沥青 S 为 233 MPa、m 为 0.334，仍高于规范要求 23%、11%，说明 SBS-WCO 复合再生沥青能够在低温下抵抗裂缝产生。

5.2.4　高温蠕变恢复性能

复数模量和相位角是通过单点振动试验在小应变水平下获得的材料参数，表征沥青无损状态下的力学性质。而在实际应用中，沥青在高温下经受反复行车荷载的作用会产生永久变形，发生损伤，因此需要用能够表征沥青损伤特性的参数来评价其抗车辙性能。不同于前文的振荡加载方式，多重应力蠕变恢复（multiple stress creep recovery，MSCR）试验采用不同恒定应力控制水平下的蠕变加载方式来模拟沥青受力变形特性及其不可恢复蠕变变形积累过程，能有效表征沥青路面在重复加载卸载作用下的变形情况，充分考虑了沥青材料的损伤特性，能更好地评价沥青抗车辙性能。该试验也是在动态剪切流变仪上完成的第一阶段采用 0.1 kPa 剪切应力水平表征沥青在线黏弹性范围内的流变行为，加载时长 1 s、卸载恢复 9 s 为一个周期，重复 10 个周期；第二阶段 3.2 kPa 剪切应力水平则表征非线性黏弹性范围内的流变行为，加载卸载时长和周期同第一阶段。

为评价不同掺量复合再生沥青的高温蠕变力学性能，先使用旋转薄膜烘箱（RTFO）试验对沥青样品进行短期老化，随后在 64 ℃下按照 AASHTO 规范进行试验，选用 25 mm 尺寸平板和转子，间隙为 1 mm。由于前期沥青的蠕变恢复率不稳定，因此在 0.1 kPa 应力水平下进行 20 个周期的加卸载循环，3.2 kPa 应力水平下循环 10 个周期，加载时长共 300 s。提取后 200 s 的数据，计算沥青的蠕变恢复率 R 和不可恢复蠕变柔量 J_{nr}。不同再生沥青的蠕变恢复率 R 和不可恢复蠕变柔量 J_{nr} 如图 5-14、图 5-15 所示。

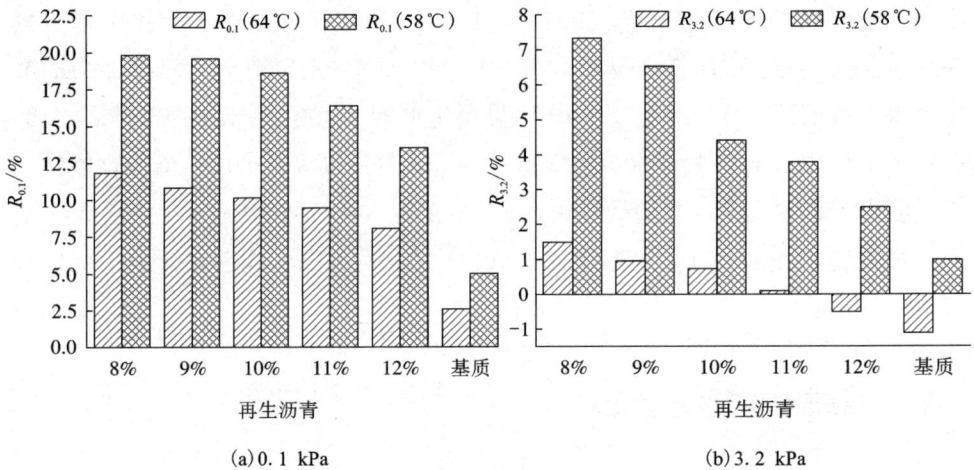

(a) 0.1 kPa   (b) 3.2 kPa

图 5-14　掺量变化对不同应力水平下再生沥青 R 的影响

1. 蠕变恢复率

蠕变恢复率 R 表征沥青在测试过程中弹性形变比例，R 越大，说明沥青恢复变形能力越强。基质沥青在 64 ℃的 $R_{3.2}$ 为负值，呈黏流态。在同种应力水平和同种温度下，复合再生沥青的 R 均高于基质沥青，说明复合再生剂的加入

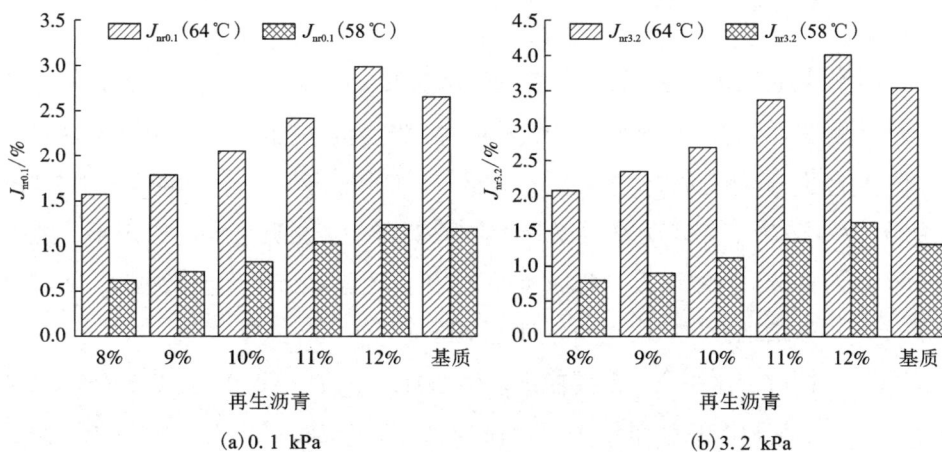

(a) 0.1 kPa

(b) 3.2 kPa

图 5-15　掺量变化对不同应力水平下再生沥青 J_{nr} 的影响

提高了再生沥青恢复变形能力。复合再生剂中 SBS 属于热塑性弹性体，SBS 使再生沥青中弹性比例上升，提升了再生沥青的 R，且 SBS 分子侧链中含有运动能力较差的苯环结构，在外力作用下，分子间不容易产生相对滑移，抵抗变形能力上升。但是随着复合再生剂掺量增加，再生沥青在不同应力水平下的 R 逐渐下降，弹性形变比例逐渐降低，对老化沥青延迟弹性和抗永久变形能力的提升效果减弱。这说明此时复合再生剂中 WCO 的软化作用强于 SBS 对老化沥青流变性能的提升作用，WCO 分子中含有较多的亚油酸小分子，运动能力较强，在外力作用下分子间更容易产生相互位移，导致再生沥青的黏性流动。

64 ℃时，12%再生沥青的 $R_{0.1}$ 和 $R_{3.2}$ 分别为 8.01%和负值，表明在3.2 kPa 应力水平下沥青中主要为塑性形变，因此在 64 ℃时，12%掺量再生剂仅能降低轻交通下的永久变形，对高应力水平的改善效果较微弱。但当温度降到 58 ℃时，12%再生沥青的 $R_{0.1}$、$R_{3.2}$ 分别为 13.52%、2.50%，相较于基质沥青分别提高了 1.5 倍、2.8 倍，说明复合再生剂的改善效果随温度的降低而增强，R 与温度呈负相关。这是因为温度下降，分子内部自由体积收缩，限制了沥青分子产生相对位移，宏观表现为沥青流动变形能力减弱，R 增加。

2. 不可恢复蠕变柔量

不可恢复蠕变柔量 J_{nr} 表征沥青的抗永久变形能力[127]，J_{nr} 越小，抵抗永久变形能力越强。如图 5-15 所示，温度越高，沥青的 J_{nr} 越大，说明不可恢复的残留应变越大，再生沥青中塑性变形越多。8%掺量再生沥青在 64 ℃、3.2 kPa下的 J_{nr} 为 1.57%，相较于基质沥青下降了 1.08%，说明复合再生剂不仅能提升再生沥青的 R，也能增强其抵抗变形能力。但是复合再生沥青的 J_{nr} 随着复合再生剂掺量增加而增大，抗车辙性能下降。

同温度同应力水平下，不同掺量再生沥青的 J_{nr} 从小到大为：8%<9%<10% <11%<12%，其中 12%掺量再生沥青在 64 ℃、3.2 kPa 下的 J_{nr} 为 2.99%，高于基质沥青的 2.65%，说明当复合再生剂掺量为 12%时，再生沥青高温下的抗永久变形能力不能完全恢复至基质沥青水平。因此，从再生沥青的高温抵抗变形能力角度出发，建议再生剂掺量低于 12%。

3. 应力敏感性

应力敏感性系数 R_{diff} 和 $J_{nr-diff}$ 用来表征沥青胶结料应力对流变性能变化的影响程度，计算公式见式(5-3)、式(5-4)：

$$R_{diff} = R_{0.1} - R_{3.2}/R_{0.1} \qquad (5-3)$$

$$J_{nr-diff} = J_{nr0.1} - J_{nr3.2}/J_{nr0.1} \qquad (5-4)$$

式中：$R_{0.1}$、$R_{3.2}$ 分别为沥青在 0.1 kPa、3.2 kPa 下的蠕变恢复率；

$J_{nr0.1}$、$J_{nr3.2}$ 分别为沥青在 0.1 kPa、3.2 kPa 下的不可恢复蠕变柔量。

从理论上来说，$J_{nr-diff}$ 越小，沥青胶结料的应力敏感性越低，高温稳定性越好。图 5-16 中几乎所有沥青试样在 64 ℃下的 R_{diff} 和 $J_{nr-diff}$ 均大于 58 ℃下的，说明沥青在高温下对应力的敏感性更高，这与沥青在实际服役过程中在高温下更容易产生车辙的现象相符合。沥青在高温下受热膨胀使得分子间空隙增大，受到外力作用更容易产生相对位移，出现车辙病害。64 ℃时，随着复合再生剂掺量增加，再生沥青的应力敏感性系数均呈现出上升的趋势，12%掺量再生沥青的 R_{diff} 为 106.3%，仅为基质沥青的 74.1%，说明该温度下再生沥青的高温稳定性优于基质沥青。但是该温度下的 $J_{nr-diff}$ 随掺量变化，无明显变化规律可循，这可能与复合再生剂中的 SBS 有关[128]。

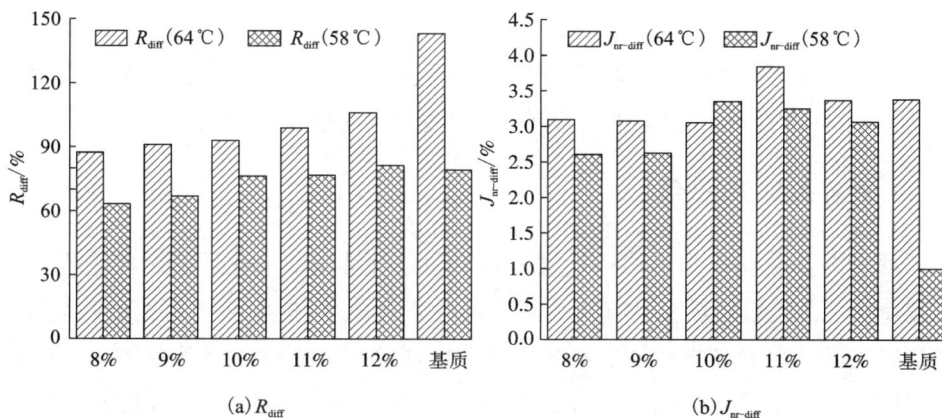

图 5-16　掺量变化对再生沥青应力敏感性系数的影响

4. MSCR 高温分级

根据 AASHTOM P19-10，以 J_{nr} 在试验温度下的值以及 $J_{nr-diff} \leqslant 75\%$ 为指标对不同掺量再生沥青进行高温分级：$J_{nr}<4.0$ kPa^{-1} 时，为标准交通等级 S；$J_{nr}<2.0$ kPa^{-1} 时，为重交通等级 H；$J_{nr}<1.0$ kPa^{-1} 时，为超重交通等级 V；$J_{nr}<0.5$ kPa^{-1} 时，为极重交通等级 E。

由表 5-7 可知，复合再生沥青的交通等级会随温度降低而升高，基质沥青可在 64 ℃下胜任标准交通等级。64 ℃时，再生沥青和基质沥青处于同一交通等级，说明复合再生剂能有效恢复老化沥青的高温性能。温度下降到 58 ℃时，所有沥青的交通等级均上升，说明应力和温度对抗永久变形能力具有等效性[129]，其中 8%、9% 掺量再生沥青能满足超重交通等级，抗车辙性能最优。

表 5-7　掺量再生沥青在不同温度下的交通等级

温度/℃	基质	8%	9%	10%	11%	12%
58	H	V	V	H	H	H
64	S	S	S	S	S	S

5.2.5　高低温 PG 分级

为进一步评价 SBS-WCO 复合沥青再生剂掺量变化对老化沥青性能的影响，参照 ASTMD 7643-10 规范条例，对再生沥青进行 PG 分级。

1. 沥青高温 PG 分级

通过对基质沥青和不同掺量复合再生沥青及其短期老化后的试样进行温度扫描试验，参数设置同前述 5.1.5 节，获得沥青样品在 46 至 80 ℃温度范围内的车辙因子。以对数形式进行插值，计算原样沥青 $|G^*|/\sin\delta$ 为 1.0 kPa 时对应温度和 RTFO 后 $|G^*|/\sin\delta$ 为 2.2 kPa 时对应温度，取二者中温度较小值为 PG 高温分级温度，结果如表 5-8 所示。

表 5-8　不同掺量复合再生沥青 PG 高温分级

沥青	$|G^*|/\sin\delta=1.0$ kPa 对应温度/℃	$|G^*|/\sin\delta=2.2$ kPa 对应温度/℃	PG 分级高温 /℃	高温分级
基质沥青	71.50	64.32	64.32	PG64
8%	70.35	68.77	68.77	PG64
9%	69.31	67.29	67.29	PG64
10%	67.80	66.22	66.22	PG64
11%	67.34	65.76	65.76	PG64
12%	66.09	63.70	63.70	PG58

从表 5-8 中结果可知，不同掺量复合再生沥青的失效温度变化不大。8%~11%掺量再生沥青的高温分级与基质沥青一致，说明复合再生剂能够有效恢复老化沥青的高温性能。而 12%掺量再生沥青的高温 PG 分级温度较基质沥青下降了一个等级，说明该掺量会削弱再生沥青对高温性能的恢复效果。

2. 沥青低温 PG 分级

参照 ASTMD 7643-10 规范条例，对沥青进行低温分级需要满足再生沥青

蠕变劲度 S 小于 300 MPa、蠕变速率 m 大于 0.3 两个条件。通过对经过短期老化和长期老化后的基质沥青及不同掺量复合再生沥青试样进行弯曲蠕变劲度试验,获得沥青样品在-12 ℃、-18 ℃、-24 ℃ 三个温度下的蠕变劲度 S 和蠕变速率 m,不同掺量复合再生沥青 PG 低温分级如表 5-9 所示。

表 5-9　不同掺量复合再生沥青 PG 低温分级

沥青	试验指标	−12 ℃	−18 ℃	−24 ℃	低温分级
基质沥青	S/MPa	163	339	384	PG-22
	m	0.346	0.25	0.116	
8%	S/MPa	66.6	137	272	PG-22
	m	0.383	0.27	0.214	
9%	S/MPa	56.5	116	258	PG-28
	m	0.403	0.312	0.257	
10%	S/MPa	40.7	106	250	PG-28
	m	0.419	0.344	0.296	
11%	S/MPa	39	102	247	PG-28
	m	0.424	0.357	0.298	
12%	S/MPa	38.8	86.4	222	PG-34
	m	0.424	0.369	0.305	

随着复合再生剂掺量增加,再生沥青的低温 PG 分级呈现上升趋势,意味着复合再生剂的加入可以提升老化沥青的低温性能,这是因为 WCO 和 SBS 都对提升沥青的低温抗变形能力起作用。其中 12% 掺量再生沥青比基质沥青高两个等级,该掺量下再生沥青的低温性能最优。

综合基质沥青和不同掺量复合再生沥青的高低温 PG 分级结果,如图 5-17 所示。复合再生剂对老化沥青的低温性能改善效果与掺量呈正相关,且效果显著。在高温下,RTFO 后不同掺量再生沥青的车辙因子随复合再生剂掺量增加而减小,但 12% 掺量再生沥青在 RTFO 后的车辙因子也基本恢复至基质沥青水平。

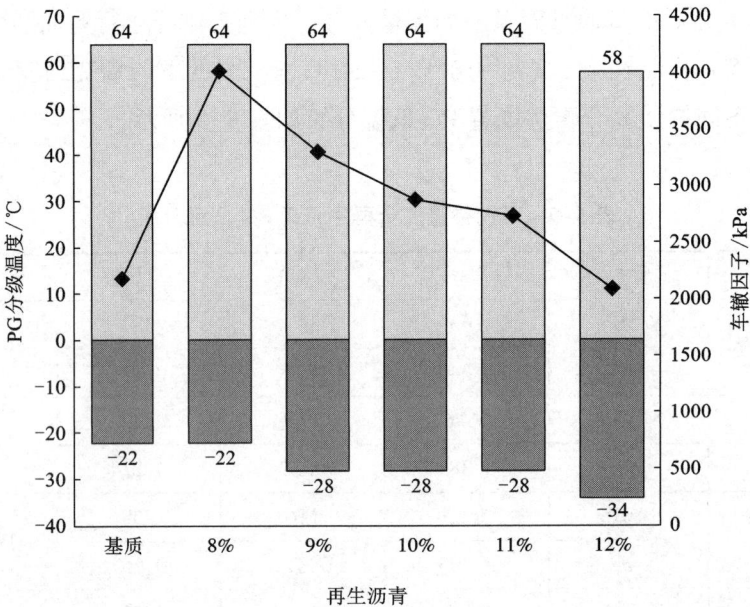

图 5-17 掺量变化对再生沥青 PG 等级及其 RTFO 后车辙因子的影响

5.2.6 疲劳性能

有研究表明，SHRP 计划最先提出的疲劳因子 $G^* \times \sin \delta$ 只能在沥青的线弹性范围内试验获取，不能获取超出范围的非线性特征，与沥青疲劳性能相关性较差。因此，本书采用 AASHTO TP 101-12 规范中提出的线性振幅扫描（linear amplitude sweep，LAS）试验来评价沥青的疲劳性能，通过黏弹性连续损伤（viscoelastic continuum damage，VECD）原理分析数据和预测疲劳寿命 N_f，可以表征更宽应变范围内材料的力学和疲劳行为[130]。LAS 试验先后包括频率扫描和线性振幅扫描两个步骤，各步骤试验参数如表 5-10 所示。

表 5-10　振幅扫描试验参数

试验参数		参数值	单位
试验温度		25	℃
平行板夹具规格		8	mm
试验间隙		2	mm
频率扫描	频率范围	0.2~30	Hz
	恒定应变	0.1	%
振幅扫描	加载频率	10	Hz
	剪切应变	0.1~30	%
	应变增长率	1	%
	加载时间	310	s

（1）首先，通过在不同频率范围内施加恒定应变来获得材料的流变特性，对各个频率下的复数模量和相位角进行双对数坐标线性拟合来确定损伤分析参数 α，计算公式见式（5-5）、式（5-6）：

$$G'(\omega) = |G^*|(\omega)\cos\delta(\omega) \tag{5-5}$$

$$\lg G'(\omega) = (1/\alpha)\lg\omega + b \tag{5-6}$$

式中：ω 为角频率，rad/s；$G'(\omega)$ 为相应角频率下的储存模量，MPa；b 为线性拟合参数；α 为损伤分析参数。

（2）其次，在固定频率下施加线性增长的正弦波应变研究材料的疲劳损伤特性，通过式（5-7）、式（5-8）计算材料累计损伤 $D(t)$：

$$D(t) \cong \sum_{i-1}^{N} \left[\pi\gamma_0^2(C_{i-1} - C_i) \right]^{\frac{\alpha}{1+\alpha}} (t_i - t_{i-1})^{\frac{1}{1+\alpha}} \tag{5-7}$$

$$C_t = \frac{|G^*|(\omega)}{|G^*|_{initial}} \tag{5-8}$$

式中：$|G^*|_{initial}$ 为初始复数模量，MPa；$|G^*|(\omega)$ 为相应角频率下的复数剪切模量，MPa；γ_0 为每个特定点所加载的应变；α 为损伤分析参数；t 为加载时间，s；$D(t)$ 为 t 时刻的疲劳损伤参数。

（3）假设 $D(0)=1$、$C_0=1$，对各个时刻下的 $C(t)$ 和 $D(t)$ 按照式（5-9）、式（5-10）拟合：

$$\lg\left[\,C(0)-C(t)\,\right]=\lg C_1=C_2\lg\left[\,D(t)\,\right] \tag{5-9}$$

$$C(t)=C_0-C_1\left[\,D(t)\,\right]^{C_2} \tag{5-10}$$

（4）根据式（5-11）、式（5-12）、式（5-13）计算 VECD 模型中的参数 A、B：

$$A=\frac{f(D_f)^k}{k(\pi I_D C_1 C_2)^\alpha} \tag{5-11}$$

$$B=2\alpha \tag{5-12}$$

$$k=1+(1-C_1)\alpha \tag{5-13}$$

式中：f 为振幅扫描加载频率，Hz；D_f 为疲劳失效时的累计损伤 D_t，沥青衰减到初始疲劳因子的 35% 即为失效。

（5）按照式（5-14）计算沥青的疲劳寿命值 N_f：

$$N_f=A(\gamma_{\max})^{-B} \tag{5-14}$$

式中：$\gamma_{\max}$ 为最大应变。

为使试验条件更接近实际状态，对不同掺量复合再生沥青进行短期老化和长期老化以接近沥青路面疲劳破坏状态，再对老化后沥青试样进行线性振幅扫描试验。不同掺量复合再生沥青在 PAV 后的应力应变关系曲线如图 5-18 所

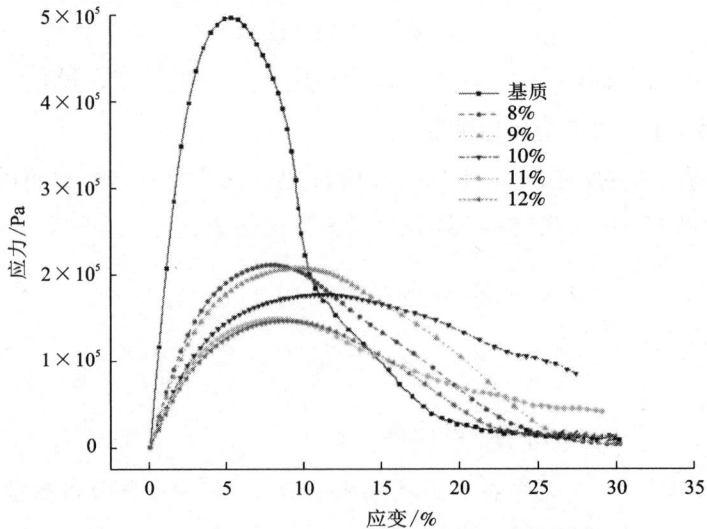

图 5-18　掺量变化对再生沥青应力-应变曲线的影响

示。从图 5-18 可知，随着剪切应变的增大，应力呈现先增大再减小最后趋于平缓的趋势，中间会发生明显应力屈服。各曲线峰值应力点所对应的应力称为屈服应力，表征一定荷载作用下沥青抵抗变形的能力大小；对应横坐标为屈服应变，表征沥青能承受的最大变形程度，即最大弹性。峰值点后沥青开始产生破坏，出现疲劳损伤。在相同老化条件下，基质沥青老化后屈服应力大于再生沥青，说明复合再生剂的加入对沥青抗车辙性能不利。且随着复合再生剂掺量增加，再生沥青屈服应力逐渐减小，对重载交通的承受能力下降，与图 5-15 中 J_{nr} 规律一致。此外随着再生剂掺量增加，再生沥青在峰值点前后的平台区宽度增加，即峰值区宽度增加。在应力变化较缓慢期间，沥青对于应变变化不敏感，这意味着再生沥青应力敏感性下降，疲劳性能增强[93]。这是因为复合再生剂中 SBS 与沥青间交联反应使结构更稳定。

长期老化后，10%掺量再生沥青的峰值区宽度最大，且在发生疲劳破坏后应力随应变增加而减小的速率和幅度最小，这意味着 10%掺量再生沥青的应力敏感性最小。10%掺量再生沥青的屈服应力为 17.7×10^4 Pa、屈服应变为 11%，随着应变的增加，应力下降到 8.5×10^3 Pa，在受到外力破坏后仍保留有将近一半抵抗变形的能力，且相较于基质沥青的 8.2×10^3 Pa，10%掺量再生沥青的应力提升了近 20 倍。图 5-19 中 10%掺量再生沥青的参数 A 大于其他沥青样品，也同样说明了这一点。在 VECD 模型中，参数 A 常用来表征沥青胶结料的完整性[131]。A 越大，沥青在荷载作用下的储存模量越大，沥青完整性越高。参数 B 常表征沥青的应变敏感性，$|B|$ 与沥青胶结料应变敏感性呈正相关。

使用 VECD 模型计算再生沥青在 2.5% 和 5.0% 应变下的疲劳寿命 N_f，如图 5-20 所示。对于同种沥青试样，在 2.5% 应变水平下计算得到的 N_f 远高于 5.0% 应变下的 N_f，与实际应用过程中超载会使得沥青路面使用寿命下降现象一致。10%掺量再生沥青长期老化后在 2.5%、5.0% 应变水平下的 N_f 分别为 7441、677，相较于基质沥青长期老化后的 N_f 分别提高了 81.7%、85.2%，说明再生剂的加入大大提高了老化沥青在不同应变水平下的失效循环次数。这是因为 WCO 中富含的轻质油分弥补了老化后损失的芳香分，使得在不同应变水平下老化沥青的疲劳寿命大幅增加，提升了复合再生沥青在长期应力作用下的使用寿命。

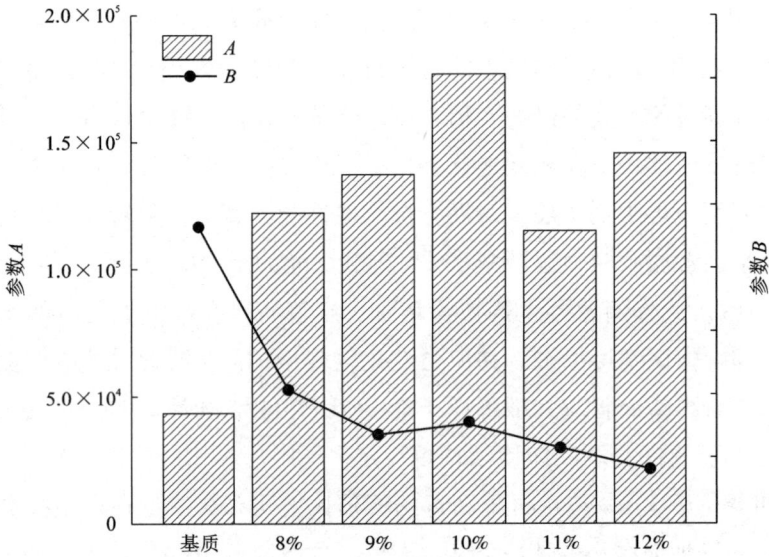

图 5-19　掺量变化对再生沥青 *A*、*B* 参数的影响

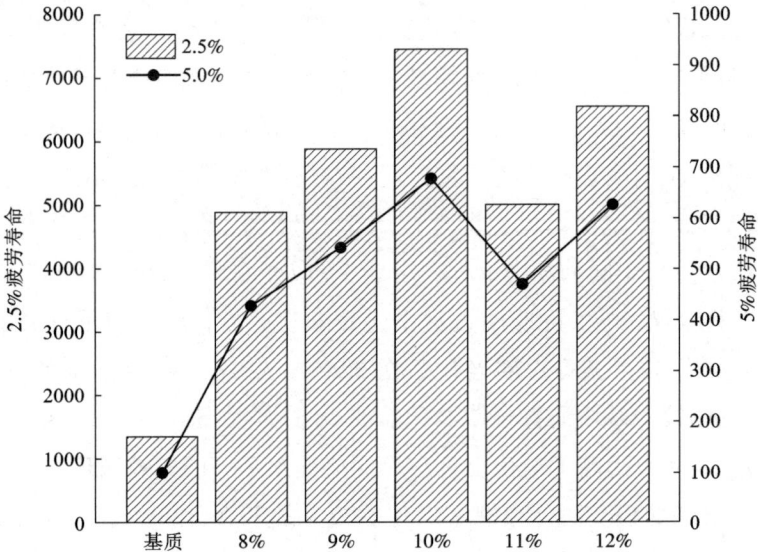

图 5-20　掺量变化对再生沥青在不同应变水平下疲劳寿命的影响

此外,复合再生剂的加入使再生沥青在 2.5% 和 5.0% 应变水平下 N_f 差值越来越大,意味着应力水平增加,沥青失效循环次数减少得越多,应变敏感性增大,与参数 B 规律一致。随着复合再生剂掺量增加,同种再生沥青在两种应变水平下 N_f 差值先增大后减小,说明再生沥青存在抗疲劳性能最优值,再生剂掺量存在阈值。在同一应变水平下,10% 掺量再生沥青的 N_f 最高,因此推荐 SBS-WCO 复合再生剂最佳掺量为 10%。

5.3 再生沥青的微观结构和机理分析

沥青材料的宏观路用性能必然受其微观结构的影响,本章结合扫描电镜和傅立叶变换红外光谱分析老化沥青及 10% 复合再生沥青的表面微观形貌和特征官能团分布,分析复合再生剂的再生机理;并使用凝胶渗透色谱试验研究 10% 复合再生剂对老化沥青组分的影响,通过分子量分布探究沥青的老化与再生机理。

5.3.1 扫描电镜分析

本书采用 Zeiss EVO 10 扫描电子显微镜对基质沥青老化前后、SBS-WCO 复合再生沥青和 WCO 再生沥青进行表面微观形貌测试,试验结果如图 5-21 所示。

相比于图 5-21(a)中的基质沥青,图 5-21(b)中老化沥青表面出现大量密集的褶皱纹理,呈现条纹状结构。这是因为老化后沥青中轻质组分流失,芳香分等小分子缩聚形成沥青质大分子结构,运动能力减弱,使得沥青流动性变差[132]。加入 WCO 再生剂后,图 5-21(c)中的褶皱结构减少,WCO 再生沥青表面趋于光滑,只有部分类似于"蜂状"结构褶皱纹理存在,褶皱长度变小,说明老化沥青的流动性得到改善。图 5-21(c)中右侧方形痕迹是由于调整图像清晰度时,局部电压过高使得沥青融化产生的凹陷。由图 5-21(d)可知,加入 SBS-WCO 复合再生剂后,复合再生沥青表面的纹理构造也显著减少,说明 WCO 的加入调和了老化沥青组分,增强了沥青的流动性。

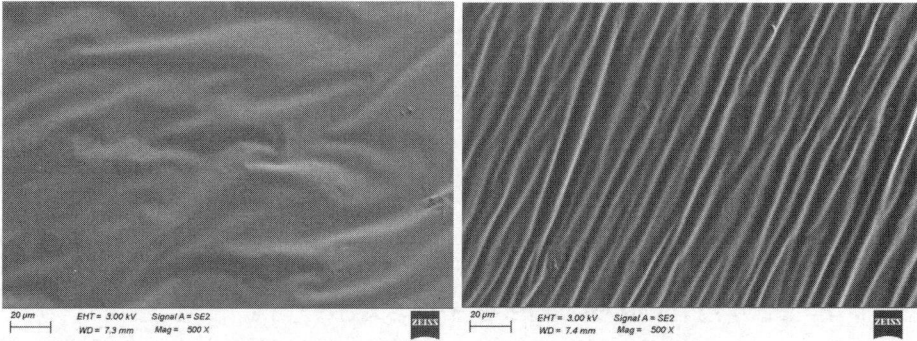

(a) 基质沥青

(b) 老化沥青

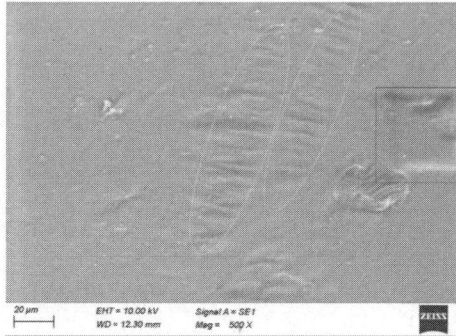

(c) WCO再生沥青

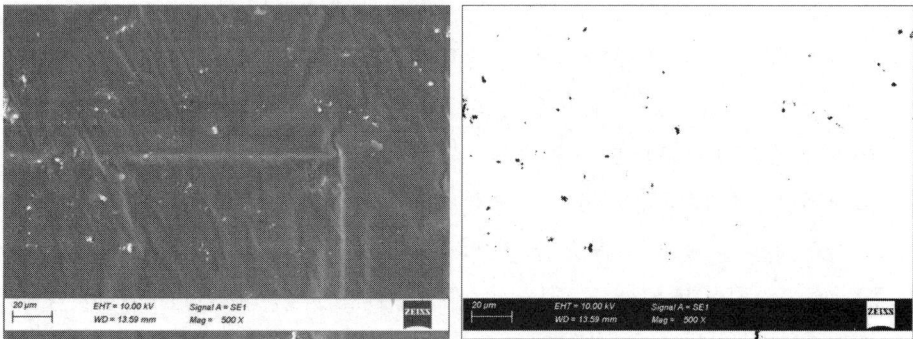

(d) SBS-WCO复合再生沥青

(e) SBS-WCO复合再生沥青（二值化）

图 5-21　不同沥青在 SEM 下的微观形貌图

此外复合再生沥青表面还可以观察到 SBS 白色颗粒,本书使用图像处理软件,对其扫描电镜图像进行二值化处理后测量并统计 SBS 胶粒的长轴长度,以此表征 SBS 的胶粒大小,统计结果如表 5-11 所示。SBS 胶粒最大直径为7.64 μm,平均直径为 2.29 μm,说明 SBS 胶粒在复合再生沥青中尺寸较小,且方差为 1.31 也反映出 SBS 能够较均匀地分散在老化沥青中。在复合再生剂掺量为 10%时,相较于前述 5.1.3 节中 SBS∶WCO = 1∶2.5 的 AR2 沥青中 SBS平均粒径(3.06 μm)和方差(2-87),SBS∶WCO = 1∶4.5 复合再生沥青中的SBS 胶粒更小,分布更加均匀,说明该配比下 WCO 对 SBS 的溶胀效果更好。

表 5-11　SBS-WCO 复合再生沥青中 SBS 胶粒尺寸统计

试样	胶粒数量	最大直径/μm	最小直径/μm	平均直径/μm	方差
SBS-WCO 复合再生沥青	30	7.64	1.13	2.29	1.31

5.3.2　再生沥青红外光谱分析

本书采用 Nicolet iS 50 型号的傅立叶变换红外光谱仪对沥青样品扫描32 次,波长测试范围为 500~4000 cm^{-1},通过主要吸收峰的变化深入认识再生和老化机理。

1. SBS-WCO 复合再生剂红外光谱分析

红外光谱图纵坐标有两种表示方法:透射率和吸光度。本书中红外光谱图纵坐标统一转换为吸光度,SBS-WCO 复合再生剂及其原材料的红外光谱图经基线校正和平滑处理后如图 5-22 所示。

由图 5-22 可知 WCO 的特征峰为反式烯烃中—C—H—键弯曲振动964 cm^{-1} 和 3007 cm^{-1} 处,酯基 1117 cm^{-1} 和 1161 cm^{-1},羧酸羰基 1710 cm^{-1} 和酯羰基 1743 cm^{-1}。图 5-22(a)中在 SBS 红外光谱图中观察到苯乙烯中苯环的伸缩振动 698 cm^{-1} 和丁二烯嵌段烯烃双键—C =C—键 964 cm^{-1} 两个典型特征峰[133]。分析 SBS-WCO 混合物预溶胀处理后的红外光谱图可知,SBS-WCO 复

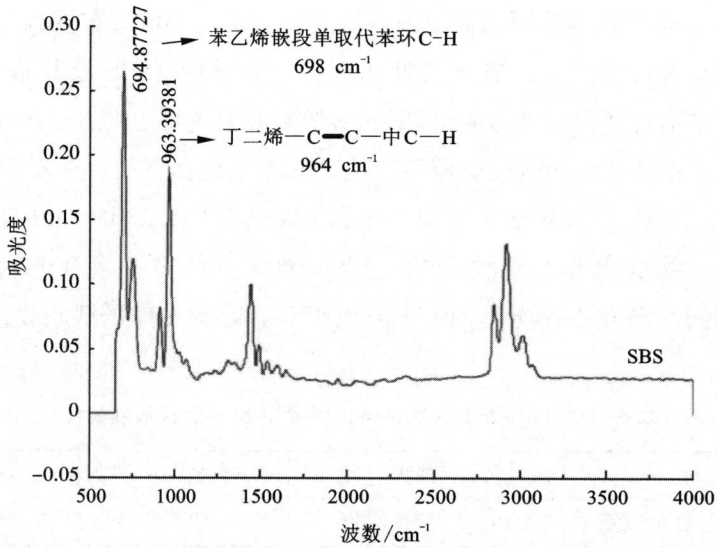

（a）SBS

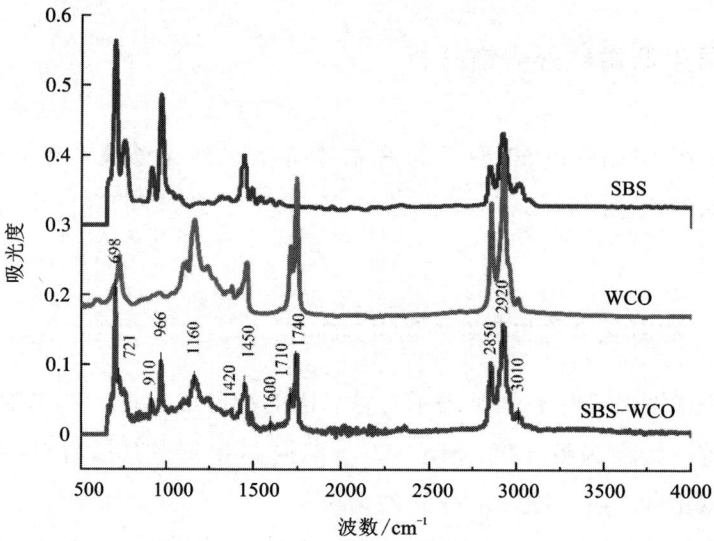

（b）复合再生剂

图 5-22　SBS-WCO 复合再生剂及各组分红外光谱图

合再生剂的特征峰形状和变化趋势与 SBS、WCO 的相似，没有新的特征峰出现，说明复合再生剂各原材料之间是物理共混，没有发生化学反应，但是再生剂中的各原材料特征峰强度有所变化。

2. 再生沥青红外光谱分析

图 5-23 为基质沥青、老化沥青、WCO 再生沥青及 SBS-WCO 复合再生沥青的红外光谱图。由图 5-23 发现，所有沥青均出现 2923 cm^{-1} 处饱和烃中的甲基（—CH_3），1375 cm^{-1}、1454 cm^{-1} 和 2854 cm^{-1} 处亚甲基（—CH_2）以及 1600 cm^{-1} 处苯环上共轭烯烃双键（—C =C—C =C—）伸缩振动引起的特征峰。老化沥青在 1701 cm^{-1} 处出现新的—C =O—羰基吸收峰，同时 1030 cm^{-1} 处—S =O—亚砜基吸收峰强度显著增加，说明沥青老化后强极性分子增多，运动能力减弱，流动性变差。—C =O—与—S =O—两种含氧官能团的产生和增多说明沥青在老化过程中存在氧化反应[110]。无论是加入纯 WCO 再生剂还是 SBS-WCO 复合再生剂，两种再生沥青中亚砜基吸收强度显著减弱，说明 WCO 加入能够有效降低亚砜基强度。同时再生沥青中 1701 cm^{-1} 处—C =O—羰基

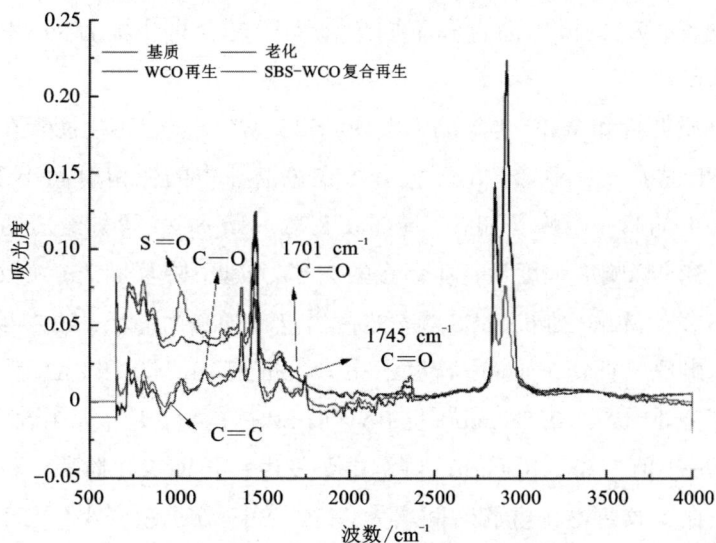

图 5-23　不同沥青红外光谱图

吸收峰强度增强可能是由 WCO 中羧酸羰基叠加后导致的，在 1745 cm^{-1} 处出现了新的酯羰基—C ═O—吸收峰也是由 WCO 加入引起的。此外，WCO 再生沥青在 963 cm^{-1} 处新增一个小强度的—C ═C—吸收峰，可能是因为 WCO 中存在油酸、亚油酸或亚麻酸分子，从而出现—C ═C—。对比 WCO 再生沥青和 SBS-WCO 复合再生沥青可知，复合再生沥青在 963 cm^{-1} 处吸收峰强度更大，是由于 SBS 中烯烃双键—C ═C—引起的。因此再生沥青中除再生剂和老化沥青特征峰外，无其他新吸收峰出现，说明 WCO 和 SBS-WCO 复合再生剂与沥青之间以物理共混为主，无化学反应发生或反应微弱。

5.3.3 凝胶色谱分析

本书采用 PL-GPC50 凝胶渗透色谱仪分析不同老化程度的基质沥青和再生沥青的分子量及其分布信息，选取四氢呋喃(THF)为有机溶剂，溶液浓度为 2 mg/mL，进入量 100 μL，洗脱时长为 20 min，淋洗温度为 40 ℃。

1. GPC 曲线

基质沥青、WCO 再生沥青和不同老化程度复合再生沥青的 GPC 曲线如图 5-24 所示。

对比基质沥青和 WCO 再生沥青发现，SBS-WCO 复合再生沥青在保留时间 7 min 左右出现了一个小峰。由于大分子在色谱柱中的保留时间小于小分子，因此色谱图上的第一个峰是 SBS。局部放大第一个小峰，可知经短期老化和长期老化后，SBS 峰响应强度从基质沥青的 2.83 分别下降至 1.75、0.16，说明老化使得 SBS 发生降解。同时 SBS 峰宽也随着老化加深而缩小，10% 再生沥青的 SBS 从开始出现一直到 7.4 min 持续了 0.77 min，而 RTFO 和 PAV 后 SBS 峰宽分别缩短了 0.17 min、0.58 min，且 PAV 后 SBS 峰强度下降值 1.59 明显大于 RTFO 后的减小值 1.08，说明 SBS 降解主要发生在长期老化阶段。SBS 特征峰显著右移，在凝胶色谱中洗脱时间增大，说明 SBS 分子量变小，也印证了 SBS 在老化后发生降解。

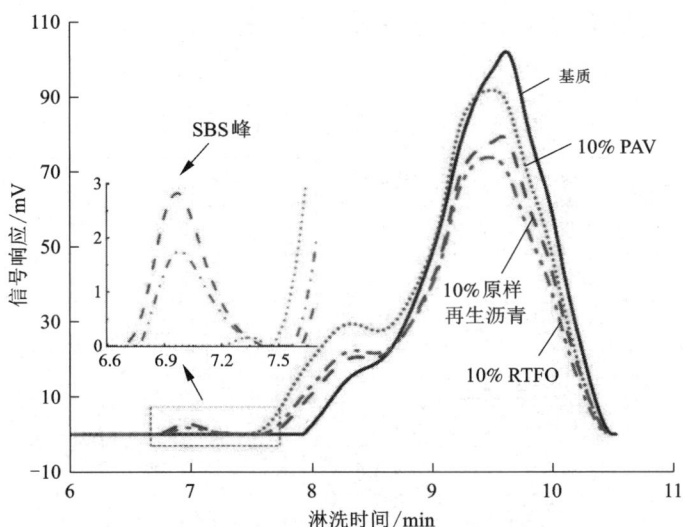

图 5-24　基质沥青和不同老化程度复合再生沥青的 GPC 曲线图

2. 分子量分布

为进一步分析沥青中各种尺寸分子的分子量变化，将 GPC 曲线图按照保留时间划分为 13 等份，并从左至右依次划分为 LMA、MMS、SMS 大中小三个分子区域，计算后获得基质沥青和复合再生沥青在不同老化程度下的分子含量，如图 5-24 所示。

SBS 在老化过程中会不断降解，使得 LMS 含量减少，SMS 含量增加。但是图 5-24 中基质沥青和再生沥青在老化后 LMS 含量均增加，SMS 含量减少，这是因为沥青中的芳香烃会在老化时转化为树脂，树脂转为沥青质，同时 WCO 中的轻质油分挥发也加剧了这一现象的产生。如表 5-12 所示，基质沥青在短期和长期老化后 SMS 含量共减少了 5.45%，LMS 含量增加了 5.2%，MMS 含量保持基本不变，也佐证了沥青中组分间的转化。图 5-25 中，与长期老化沥青相比，加入 SBS-WCO 复合再生剂后，10% 掺量复合再生沥青的 SMS 和 LMS 含量分别增加了 1.58% 和 0.91%，MMS 含量减少了 2.49%，说明 WCO 补充了老化沥青中缺失的小分子，SBS 则使得大分子含量继续增加。但复合再生剂的加入未能将老化沥青恢复至基质沥青水平，主要是因为这些轻组分在与老化沥青混合后只是通过稀释作用来调节沥青各组分间的相对比例。

表 5-12 老化后沥青分子量变化幅度

沥青种类	老化程度	SMS/%	MMS/%	LMS/%
基质沥青	RTFO	-4.8	+0.69	+4.11
	PAV	-0.65	-0.44	+1.09
	总幅度	-5.45	+0.25	+5.20
再生沥青	RTFO	-2.15	-0.32	+2.47
	PAV	-1.91	-0.06	+1.97
	总幅度	-4.06	-0.38	+4.44

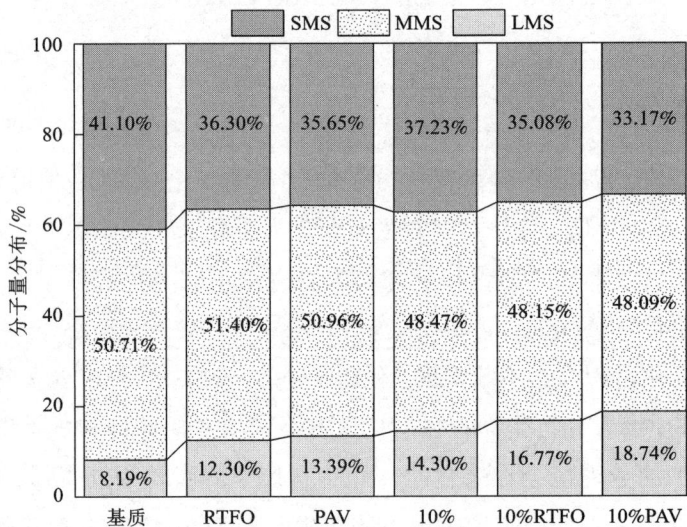

图 5-25 老化程度对基质沥青和再生沥青分子量分布的影响

在 RTFO 和 PAV 后，再生沥青中 SMS 含量一共减少了 4.06%，相较于基质沥青的 5.45%，再生沥青的减少幅度下降了 1.39%，说明 SBS-WCO 复合再生剂的加入能够减缓轻质小分子的流失，增强再生沥青的抗老化性能。推测是因为在 SBS-WCO 预溶胀处理过程中，SBS 吸收了部分油分，避免了 WCO 在老化过程中的挥发。RTFO 后再生沥青 SMS 含量的减小幅度小于基质沥青，PAV 后再生沥青 SMS 含量的减小幅度超过基质沥青，也说明 PAV 后 SBS 不断降解释放出更多的水分子而增加了 SMS 含量。

3. 分子量分布参数

表 5-13 列出了不同老化程度下沥青的数均分子量 M_n、重均分子量 M_w 和多分散系数 PDI。RTFO 后，再生沥青的 M_w 增大了 1641，而 PAV 后只增长了 356，也说明 SBS 的降解主要发生在长期老化阶段，与前述 GPC 曲线中规律一致。老化后油分的挥发以及 SBS 大分子老化后降解成小分子，会导致再生沥青中 M_n 增大、M_w 减小，但是表 5-13 中再生沥青的 M_w 呈现出增大的趋势，也说明沥青老化后会发生组分的团聚使得大分子量增加。且老化后 M_w 增大幅度高于 M_n 下降的幅度，这是因为 SBS 的降解和沥青质的团聚两个反应过程间存在效率差。

表 5-13　老化程度对基质沥青和再生沥青分子量分布参数的影响

分子量	$M_n/(\text{g} \cdot \text{mol}^{-1})$			$M_w/(\text{g} \cdot \text{mol}^{-1})$			PDI(M_w/M_n)		
老化程度	未老化	RTFO	PAV	未老化	RTFO	PAV	未老化	RTFO	PAV
基质沥青	889	980	994	1932	2430	2570	2.17	2.48	2.59
再生沥青	1003	1074	1083	2724	3080	3398	2.72	2.87	3.14

研究表明，沥青 GPC 结果中的多分散系数(分子量分布宽度)与沥青的高温性能间存在良好的关联性，多分散系数 PDI 越大，高温性能越好[134]。老化程度越大，沥青的 PDI 越大，且再生沥青老化前的 PDI 大于基质沥青长期老化后的，说明复合再生剂能够提高老化沥青的高温性能，这与前述 5.1 节宏观性能试验结果一致。

5.4 本章小结

本章通过扫描电镜、红外光谱和凝胶渗透色谱分析再生沥青及其老化后的微观形貌与作用机理，主要结论如下：

（1）SEM 结果表明，老化后沥青中的轻质组分流失，流动性变差，沥青表面会产生大量褶皱构造。随着 SBS-WCO 复合再生剂的加入，再生沥青表面褶皱减少，趋于光滑。WCO 的加入调和了老化沥青组分，增强了沥青的流动性。复合再生沥青中 SBS 胶粒最大直径为 7.64 μm，平均直径为 2.29 μm，方差为 1.31 μm，说明 SBS 较均匀地分散于沥青中。

（2）分别对基质沥青老化前后、WCO 再生沥青和 SBS-WCO 复合再生沥青进行了 FTIR 测试，发现除再生沥青在 699 cm^{-1}、963 cm^{-1}、1701 cm^{-1}、1745 cm^{-1} 处发现 SBS 和 WCO 特征峰外，再生沥青各吸收峰种类和位置与老化沥青基本相同，只存在部分吸收峰强度的变化。SBS-WCO 复合再生剂与老化沥青之间以物理共混为主导，可能伴随微弱化学反应。

（3）对比 SBS-WCO 复合再生沥青在不同老化程度后的 GPC 曲线，发现 SBS 峰响应强度下降、峰宽缩小以及 SBS 特征峰显著右移，说明 SBS 降解主要发生在长期老化阶段。且复合再生沥青老化后 M_w 增量大于 M_n 的下降幅度，这是因为 SBS 的降解和沥青质的团聚两个反应过程间存在效率差。

（4）与基质沥青相比，在老化后 SBS-WCO 复合再生沥青中 SMS 含量下降幅度减小，说明 SBS-WCO 复合再生剂的加入能够减缓轻质小分子的流失，增强再生沥青的抗老化性能。推测是因为在 SBS-WCO 预溶胀处理过程中，SBS 吸收了部分油分，避免了 WCO 在老化过程中的挥发[135]。

参考文献

［1］ 中华人民共和国交通运输部. 2022 年交通运输行业发展统计公报［J］. 中国水运，2023（7）：29-33.

［2］ LI P, ZHAI L, Fu Q, etal. Influence of RAP dispersion characteristics on mixture performance［J］. Journal of Materials in Civil Engineering, 2019, 31（9）：04019173-1-7.

［3］ 杨震，张肖宁，虞将苗，等. 基质沥青老化前后多尺度特性研究［J］. 建筑材料学报，2018, 21（3）：420-425.

［4］ WANG Q M, YE Q S, LUO J H, et al. Effects of tung oil composite regenerating agent on rheological properties and microstructures of reclaimed asphalt binder［J］. Materials, 2022, 15（9）：3197.

［5］ SULLIVAN J. Pavement recycling：Executive summary and final report. Publication No. FHWA-SA-95-060, US. Department of Transportation［R］. FHWA, Washington, D. C. , 1996.

［6］ SILVA H M R D, OLIVEIRA J R M , JESUS C M G. Are totally recycled hot mix asphalts a sustainable alternative for road paving［J］. Resources Conservation and Recycling, 2012, 60：38-48.

［7］ DOH Y S, AMIRKHANIAN S N, KIM K W. Analysis of unbalanced binder oxidation level in recycled asphalt mixture using GPC［J］. Construction and Building Materials, 2008, 22（6）：1253-1260.

［8］ 王永刚，廖克俭，闫锋，等. 废旧沥青再生剂的开发［J］. 精细石油化工进展，2003,

4(8)：18-21.

[9] 林泉，陈美祝，吴少鹏，等. 废食用油热再生沥青混合料水稳定性实验研究[J]. 武汉理工大学学报，2015，37(12)：63-67.

[10] CAO Z L, CHEN M Z, HAN X B, et al. Influence of characteristics of recycling agent on the early and long-term performance of regenerated SBS modified bitumen[J]. Construction and Building Materials, 2020, 237: 117631.

[11] 万贵稳，陈美祝，柳景祥，等. 废食用油与废润滑油对老化沥青物理与流变特性影响的对比研究[J]. 武汉理工大学学报(交通科学与工程版)，2018，42(1)：7-11.

[12] CHEN M Z, XIAO F P, PUTMAN B, et al. High temperature properties of rejuvenating recovered binder with rejuvenator, waste cooking and cotton seed oils[J]. Construction and Building Materials, 2014, 59: 10-16.

[13] ZHANG R, YOU Z P, WANG H N, et al. Using bio-based rejuvenator derived from waste wood to recycle old asphalt [J]. Construction and Building Materials, 2018, 189: 568-575.

[14] 高新文，刘朝晖. 生物油再生沥青自愈合机理分析[J]. 中国公路学报，2019，32(4)：235-242.

[15] ELKASHEF M, PODOLSKY J, WILLIAMS R C, et al. Preliminary examination of soybean oil derived material as a potential rejuvenator through superpave criteria and asphalt bitumen rheology[J]. Construction and Building Materials, 2017, 149: 826-836.

[16] ELKASHEF M, WILLIAMS R C, COCHRAN E. Investigation of fatigue and thermal cracking behavior of rejuvenated reclaimed asphalt pavement binders and mixtures [J]. International Journal of Fatigue, 2018, 108: 90-95.

[17] 索智，季节，满琦，等. 植物油再生沥青的性能研究[J]. 北京工业大学学报，2016，42(7)：1062-1065.

[18] SUO Z, CHEN H A, YAN Q A, et al. Laboratory performance evaluation on the recovering of aged bitumen with vegetable oil rejuvenator [J]. Frontiers in Materials, 2021, 8: 650809.

[19] 满琦. 植物油再生沥青及沥青混合料性能研究[D]. 北京：北京建筑大学，2016.

[20] ZARGAR M, AHMADINIA E, ASLI H, et al. Investigation of the possibility of using waste cooking oil as a rejuvenating agent for aged bitumen [J]. Journal of Hazardous Materials, 2012, 233/234: 254-258.

[21] ZAHOOR M, NIZAMUDDIN S, MADAPUSI S, et al. Sustainable asphalt rejuvenation

using waste cooking oil：A comprehensive review［J］. Journal of Cleaner Production，2021，278：123304.

［22］ GONG M H，YANG J，ZHANG J Y，et al. Physical－chemical properties of aged asphalt rejuvenated by bio－oil derived from biodiesel residue［J］. Construction and Building Materials，2016，105：35-45.

［23］ NIZAMUDDIN S，BALOCH H A，JAMAL M，et al. Performance of waste plastic bio-oil as a rejuvenator for asphalt binder ［J］. Science of the Total Environment，2022，828：154489.

［24］ ZHANG H C，WU J M，QIN Z，et al. The effect of bio－oil on high－temperature performance of bio-oil recycled asphalt binders［J］. Journal of Renewable Materials，2022，10(4)：1025-1037.

［25］ 张雪飞，朱俊材，吴超凡，等. 木焦油基再生沥青及其混合料性能研究［J］. 新型建筑材料，2020，47(5)：145-149，154.

［26］ 刘克非，刘崇麟，吴超凡，等. 木焦油基再生沥青及其混合料低温性能研究［J］. 硅酸盐通报，2020，39(8)：2672-2677.

［27］ 刘崇麟，蒋康，吴超凡，等. 木焦油基再生沥青低温性能评价及其作用机理分析［J］. 建筑材料学报，2021，24(6)：1255-1264.

［28］ 曾梦澜，李君峰，夏颖林，等. 生物沥青再生沥青结合料使用性能［J］. 北京工业大学学报，2019，45(1)：61-67.

［29］ 曾梦澜，田伟，朱艳贵，等. 蓖麻油生物沥青调和沥青混合料使用性能研究［J］. 湖南大学学报(自然科学版)，2017，44(11)：177-182.

［30］ HONG W，MO L T，PAN C L，et al. Investigation of rejuvenation and modification of aged asphalt binders by using aromatic oil－SBS polymer blend ［J］. Construction and Building Materials，2020，231：117154.

［31］ AMERI M，MANSOURKHAKI A，DARYAEE D. Evaluation of fatigue behavior of high reclaimed asphalt binder mixes modified with rejuvenator and softer bitumen ［J］. Construction and Building Materials，2018，191(10)：702-712.

［32］ LU P，HUANG S M，SHEN Y，et al. Mechanical performance analysis of polyurethane-modified asphalt using molecular dynamics method［J］. Polymer Engineering & Science，2021，61(9)：2323-2338.

［33］ LUO L，CHU L J，FWA T F. Molecular dynamics analysis of oxidative aging effects on thermodynamic and interfacial bonding properties of asphalt mixtures［J］. Construction and

Building Materials, 2021, 269: 121299.

[34] JENNINGS P W, PRIBANIC J A S, DESANDO M A, et al. Binder characterization and evaluation by nuclear magnetic resonance spectroscopy[R]. 1993.

[35] 丛玉凤, 廖克俭, 翟玉春. 分子模拟在 SBS 改性沥青中的应用[J]. 化工学报, 2005, 56(5): 769-773.

[36] SUN D Q, SUN G Q, ZHU X Y, et al. Intrinsic temperature sensitive self-healing character of asphalt binders based on molecular dynamics simulations[J]. Fuel, 2018, 211: 609-620.

[37] GROENZIN H, MULLINS O C. Asphaltene molecular size and structure[J]. The Journal of Physical Chemistry A, 1999, 103(50): 11237-11245.

[38] ARTOK L, SU Y, HIROSE Y, et al. Structure and reactivity of petroleum-derived asphaltene[J]. Energy & Fuels, 1999, 13(2): 287-296.

[39] ZHANG L Q, GREENFIELD M L. Analyzing properties of model asphalts using molecular simulation[J]. Energy & Fuels, 2007, 21(3): 1712-1716.

[40] ZHANG L Q, GREENFIELD M L. Effects of polymer modification on properties and microstructure of model asphalt systems[J]. Energy & Fuels, 2008, 22(5): 3363-3375.

[41] LI D D, GREENFIELD M L. Chemical compositions of improved model asphalt systems for molecular simulations[J]. Fuel, 2014, 115: 347-356.

[42] 王岚, 张乐, 刘旸. 老化前后沥青与胶粉相容性的分子动力学研究[J]. 建筑材料学报, 2019, 22(3): 474-479.

[43] 王岚, 张乐, 刘旸. 基于分子动力学的胶粉改性沥青中胶粉与沥青相容性研究[J]. 建筑材料学报, 2018, 21(4): 689-694.

[44] LI C X, FAN S Y, XU T. Method for evaluating compatibility between SBS modifier and asphalt matrix using molecular dynamics models[J]. Journal of Materials in Civil Engineering, 2021, 33(8): 04021207.

[45] GUO F C, ZHANG J P, PEI J Z, et al. Evaluation of the compatibility between rubber and asphalt based on molecular dynamics simulation[J]. Frontiers of Structural and Civil Engineering, 2020, 14(2): 435-445.

[46] YU X, WANG J Y, SI J J, et al. Research on compatibility mechanism of biobased cold-mixed epoxy asphalt binder[J]. Construction and Building Materials, 2020, 250: 118868.

[47] DING G Y, YU X, SI J J, et al. Influence of epoxy soybean oil modified nano-silica on

the compatibility of cold-mixed epoxy asphalt[J]. Materials and Structures, 2021, 54(1): 1-16.

[48] GONG Y, XU J, YAN E H. Intrinsic temperature and moisture sensitive adhesion characters of asphalt-aggregate interface based on molecular dynamics simulations[J]. Construction and Building Materials, 2021, 292: 123462.

[49] ZHENG C F, SHAN C, LIU J, et al. Microscopic adhesion properties of asphalt-mineral aggregate interface in cold area based on molecular simulation technology[J]. Construction and Building Materials, 2021, 268: 121151.

[50] XU Z G, WANG Y X, CAO J, et al. Adhesion between asphalt molecules and acid aggregates under extreme temperature: A ReaxFF reactive molecular dynamics study [J]. Construction and Building Materials, 2021, 285: 122882.

[51] CHEN P X, LUO X, GAO Y M, et al. Modeling percentages of cohesive and adhesive debonding in bitumen-aggregate interfaces using molecular dynamics approaches[J]. Applied Surface Science, 2022, 571: 151318.

[52] LI R, LENG Z, YANG J, et al. Innovative application of waste polyethylene terephthalate (PET) derived additive as an antistripping agent for asphalt mixture: Experimental investigation and molecular dynamics simulation[J]. Fuel, 2021, 300: 121015.

[53] DING G Y, YU X, DONG F Q, et al. Using silane coupling agent coating on acidic aggregate surfaces to enhance the adhesion between asphalt and aggregate: A molecular dynamics simulation[J]. Materials, 2020, 13(23): 5580.

[54] ZHU X Y, DU Z, LING H W, et al. Effect of filler on thermodynamic and mechanical behaviour of asphalt mastic: A MD simulation study[J]. International Journal of Pavement Engineering, 2020, 21(10): 1248-1262.

[55] HU D L, GU X Y, CUI B Y, et al. Modeling the oxidative aging kinetics and pathways of asphalt: A eaxFF molecular dynamics study[J]. Energy & Fuels, 2020, 34(3): 3601-3613.

[56] YANG Y, WANG Y X, CAO J, et al. Reactive molecular dynamic investigation of the oxidative aging impact on asphalt[J]. Construction and Building Materials, 2021, 279: 121298.

[57] REN S S, LIU X Y, LIN P, et al. Chemo-physical characterization and molecular dynamics simulation of long-term aging behaviors of bitumen[J]. Construction and Building Materials, 2021, 302: 124437.

［58］ XIAO M M, FAN L. Ultraviolet aging mechanism of asphalt molecular based on microscopic simulation［J］. Construction and Building Materials, 2022, 319: 126157.

［59］ 张永兴, 熊出华, 凌天清. 再生剂与老化沥青微观作用机理［J］. 土木建筑与环境工程, 2010, 32(6): 55-59.

［60］ XU M, YI J Y, FENG D C, et al. Diffusion characteristics of asphalt rejuvenators based on molecular dynamics simulation［J］. International Journal of Pavement Engineering, 2019, 20(5): 615-627.

［61］ 陈龙, 何兆益, 陈宏斌, 等. 新-旧沥青界面再生流变特征及分子动力学模拟研究［J］. 中国公路学报, 2019, 32(3): 25-33.

［62］ FINI E, RAJIB A I, OLDHAM D, et al. Role of chemical composition of recycling agents in their interactions with oxidized asphaltene molecules［J］. Journal of Materials in Civil Engineering, 2020, 32(9): 04020268.

［63］ FINI E H, HOSSEINNEZHAD S, OLDHAM D J, et al. Investigating the effectiveness of liquid rubber as a modifier for asphalt binder［J］. Road Materials Pavement Design, 2016, 17(4): 825-840.

［64］ ZADSHIR M, HOSSEINNEZHAD S, FINI E H. Deagglomeration of oxidized asphaltenes as a measure of true rejuvenation for severely aged asphalt binder［J］. Construction and Building Materials, 2019, 209: 416-424.

［65］ PAHLAVAN F, HUNG A M, ZADSHIR M, et al. Alteration of π-electron distribution to induce deagglomeration in oxidized polar aromatics and asphaltenes in an aged asphalt binder ［J］. ACS Sustainable Chemistry & Engineering, 2018, 6(5): 6554-6569.

［66］ LIU J Z, LIU Q, WANG S Y, et al. Molecular dynamics evaluation of activation mechanism of rejuvenator in reclaimed asphalt pavement (RAP) binder［J］. Construction and Building Materials, 2021, 298: 123898.

［67］ 洪军, 张洪亮, 康浩楠, 等. 沥青植物油再生剂研究进展［J］. 应用化工, 2020, 49(6): 1477-1484.

［68］ 焦彦磊. 再生剂对再生沥青混合料路用性能的影响研究［J］. 交通科技, 2017(1): 125-127.

［69］ ZIARI H, MONIIRI A, BAHRI P, et al. The effect of rejuvenators on the aging resistance of recycled asphalt mixtures［J］. Construction and Building Materials, 2019, 224: 89-98.

［70］ 欧阳自强. 典型沥青再生剂性能研究与评价［D］. 重庆: 重庆交通大学, 2016.

[71] 欧阳自强，朱建勇，袁泉，等. 沥青再生剂性能研究与评价[J]. 中外公路，2016，36(5)：294-299.

[72] 张佳运. 生物再生沥青的再老化特性研究[D]. 南京：东南大学，2018.

[73] 豆莹莹，李晓民，姚志杰，等. 基于表面自由能的再生沥青黏附性及其水稳定性[J]. 材料科学与工程学报，2020，38(4)：648-653.

[74] CELIA-SILVA L G, VILELA P B, MORGADO P, et al. Preaggregation of asphaltenes in the presence of natural polymers by molecular dynamics simulation[J]. Energy & Fuels, 2020, 34(2)：1581-1591.

[75] MENAPACE I, GARCIA CUCALON L, KASEER F, et al. Effect of recycling agents in recycled asphalt binders observed with microstructural and rheological tests[J]. Construction and Building Materials, 2018, 158：61-74.

[76] 张东，龙伶俐，薛雅琳，等. 基于高效液相色谱-串联四极杆飞行时间质谱法的大豆油甘油三酯组成特性分析[J]. 中国油脂，2012，37(12)：81-84.

[77] VEVERE L, FRIDRIHSONE A, KIRPLUKS M, et al. A review of wood biomass-based fatty acids and rosin acids use in polymeric materials[J]. Polymers, 2020, 12(11)：2706.

[78] 杨璐. 石墨烯改性沥青胶结料的分子动力学模拟和流变性能研究[D]. 咸阳：西北农林科技大学，2021.

[79] SHUICHI N. Constant temperature molecular dynamics methods[J]. Progress of Theoretical Physics Supplement, 1991, 103：1-46.

[80] ANDERSEN H C. Molecular dynamics simulations at constant pressure and/or temperature[J]. The Journal of Chemical Physics, 1980, 72(4)：2384-2393.

[81] YE Q S, DONG W Z, WANG S P, et al. Research on the rheological characteristics and aging resistance of asphalt modified with tourmaline[J]. Materials, 2019, 13(1)：69.

[82] ABOU-RACHID H, LUSSIER L S, RINGUETTE S, et al. On the correlation between miscibility and solubility properties of energetic plasticizers/polymer blends：modeling and simulation studies[J]. Propellants, Explosives, Pyrotechnics, 2008, 33(4)：301-310.

[83] WANG P, DONG Z J, TAN Y Q, et al. Investigating the interactions of the saturate, aromatic, resin, and asphaltene four fractions in asphalt binders by molecular simulations[J]. Energy & Fuels, 2015, 29(1)：112-121.

[84] YE Q S, YANG Z Y, LV S T, etal. Study on components components selection and performance of bio-oil based asphalt rejuvenator based on softening and asphaltene

deagglomeration effect[J]. Journal of Cleaner Prolduction, 419(2023)138238.

[85] PAHLAVAN F, HUNG A, FINI E H. Evolution of molecular packing and rheology in asphalt binder during rejuvenation[J]. Fuel, 2018, 222: 457-464.

[86] SAMIEADEL A, ISLAM RAJIB A, PHANI RAJ DANDAMUDI K, et al. Improving recycled asphalt using sustainable hybrid rejuvenators with enhanced intercalation into oxidized asphaltenes nanoaggregates [J]. Construction and Building Materials, 2020, 262: 120090.

[87] YE Q S, AMIRKHANIAN S, LI J, et al. Effects of waste polyethylene on the rheological properties of asphalt binder [J]. Journal of Testing and Evaluation, 2020, 48(3): 20190220.

[88] YAO H, DAI Q L, YOU Z P, et al. Modulus simulation of asphalt binder models using Molecular Dynamics (MD) method[J]. Construction and Building Materials, 2018, 162: 430-411.

[89] MASOORI M, GREENFIELD M L. Frequency analysis of stress relaxation dynamics in model asphalts[J]. The Journal of Chemical Physics, 2014, 141(12): 034507.

[90] SUN W, WANG H. Moisture effect on nanostructure and adhesion energy of asphalt on aggregate surface: A molecular dynamics study [J]. Applied Surface Science, 2020, 510: 145435.

[91] MATOLIA S, GUDURU G, GOTTUNUKKALA B, et al. An investigation into the influence of aging and rejuvenation on surface free energy components and chemical composition of bitumen[J]. Construction and Building Materials, 2020, 245: 118378.

[92] ZANZOTTO L, STASTNA J, HO S. Molecular weight distribution of regular asphalts from dynamic material functions[J]. Materials and Structures, 1999, 32(3): 224-229.

[93] 董刚. 多聚磷酸及多聚磷酸/聚合物复合改性沥青的性能和机理分析[D]. 西安: 长安大学, 2018.

[94] 王超. 沥青结合料路用性能的流变学研究[D]. 北京: 北京工业大学, 2015.

[95] 王鹏, 董泽蛟, 谭忆秋, 等. 基于分子模拟的沥青蜂状结构成因探究[J]. 中国公路学报, 2016, 29(3): 9-16.

[96] 叶群山, 秦梦楠, 张思敏. 基于正交试验的桐油复合沥青再生剂组成设计研究[J]. 长沙理工大学学报(自然科学版), 2022, 19(4): 143-151.

[97] 万贵稳. 废食用油基沥青再生剂的制备与性能研究[D]. 武汉: 武汉理工大学, 2019.

[98] 吕伟民. 沥青再生原理与再生剂的技术要求[J]. 石油沥青, 2007, 21(6): 1-6.

[99] 虞将苗, 邹桂莲, 胡学斌, 等. 沥青混合料老化模拟试验方法与验证研究[J]. 公路交通科技, 2005, 22(10): 14-17.

[100] WANG T, WEI X, ZHANG D, et al. Evaluation for low temperature performance of SBS modified asphalt by dynamic shear rheometer method [J]. Buildings, 2021, 11 (9): 408.

[101] Standard Specification for Performance Graded Asphalt Binder: AASHTO MP1 [S]. AASHTO, 1998.

[102] YAN K Z, LAN H Z, DUAN Z, et al. Mechanical performance of asphalt rejuvenated with various vegetable oils[J]. Construction and Building Materials, 2021, 293: 123485.

[103] 余剑英, 庞凌, 吴少鹏. 沥青材料老化与防老化[M]. 武汉: 武汉理工大学出版社, 2012.

[104] 陈燕娟, 高建明, 陈华鑫. 基于表面能理论的沥青-集料体系的黏附特性研究[J]. 东南大学学报(自然科学版), 2014, 44(1): 183-187.

[105] GHABCHI R, SINGH D, ZAMAN M, et al. Application of asphalt-aggregates interfacial energies to evaluate moisture-induced damage of warm mix asphalt[J]. Procedia-Social and Behavioral Sciences, 2013, 104: 29-38.

[106] FOWKES F M. Dispersion force contributions to surface and interfacial tensions, contact angles, and heats of immersion[M]. //Advances in Chemistry. WASHINGTON, D. C.: AMERICAN CHEMICAL SOCIETY, 1964: 99-111.

[107] OWENS D K, WENDT R C. Estimation of the surface free energy of polymers[J]. Journal of Applied Polymer Science, 1969, 13(8): 1741-1747.

[108] KWOK D Y, NEUMANN A W. Contact angle measurement and contact angle interpretation [J]. Advances in Colloid and Interface Science, 1999, 81(3): 167-249.

[109] 牟压强, 郭大进, 孙武云, 等. 水泥混凝土路面-环氧沥青超薄罩面层间黏结性能试验研究[J]. 公路交通科技, 2021, 38(5): 1-9.

[110] 王永宁, 李波, 任小遇, 等. 不同老化时间的SBS改性沥青再生红外光谱分析[J]. 材料科学与工程学报, 2020, 38(4): 643-647, 565.

[111] Little D N, Bhasin A. Using surface energy measurements to select materials for asphalt pavement[M]. 2007.

[112] DONG F Q, YU X, XU B, et al. Comparison of high temperature performance and microstructure for foamed WMA and HMA with RAP binder [J]. Construction and

Building Materials, 2017, 134: 594-601.

[113] 谭忆秋, 李冠男, 单丽岩, 等. 沥青微观结构组成研究进展[J]. 交通运输工程学报, 2020, 20(6): 1-17.

[114] 秦梦楠. 桐油复合再生剂组成设计与再生沥青性能研究[D]. 长沙: 长沙理工大学, 2022.

[115] AZAHAR W N A W, JAYA R P, HAININ M R, et al. Chemical modification of waste cooking oil to improve the physical and rheological properties of asphalt binder [J]. Construction and Building Materials, 2016, 126: 218-226.

[116] ELAHI Z, MOHD JAKARNI F, MUNIANDY R, et al. Waste cooking oil as a sustainable bio modifier for asphalt modification: A review[J]. Sustainability, 2021, 13(20): 11506.

[117] 刘文昶, 王飞, 张锋, 等. 室内老化和自然老化沥青性能及其对应关系研究[J]. 石油沥青, 2019, 33(2): 36-41.

[118] 梁庆, 郑云, 张关发, 等. 废机油再生SBS改性沥青性能及再生机理[J]. 科学技术与工程, 2023, 23(2): 777-784.

[119] YAO X G, LI C X, XU T. Multi-scale studies on interfacial system compatibility between asphalt and SBS modifier using molecular dynamics simulations and experimental methods [J]. Construction and Building Materials, 2022, 346: 128502.

[120] LI H B, FENG Z X, AHMED A T, et al. Repurposing waste oils into cleaner aged asphalt pavement materials: A critical review [J]. Journal of Cleaner Production, 2022, 334: 130230.

[121] YU C H, HU K, CHEN G X, et al. Molecular dynamics simulation and microscopic observation of compatibility and interphase of composited polymer modified asphalt with carbon nanotubes[J]. Journal of Zhejiang University-SCIENCE. A, 2021, 22(7): 528-546.

[122] KAYA D, TOPAL A, MCNALLY T. Correlation of processing parameters and ageing with the phase morphology of styrene-butadiene-styrene block co-polymer modified bitumen [J]. Materials Research Express, 2019, 6(10): 105309.

[123] ZHANG F, HU C B. Preparation and properties of high viscosity modified asphalt[J]. Polymer Composites, 2017, 38(5): 936-946.

[124] NIE X Y, LI Z, YAO H R, et al. Waste bio-oil as a compatibilizer for high content SBS modified asphalt[J]. Petroleum Science and Technology, 2020, 38(4): 316-322.

[125] HEMMATI N, VIGNESWARAN S, KIM H H, et al. Laboratory evaluation of asphalt

binders containing styrene–butadiene–styrene（SBS）and processed oil［J］. Materials, 2023, 16(3)：1235.

[126] 王枫成. 不同种类改性剂对于基质沥青性能影响分析［J］. 应用化工, 2021, 50(8)：2132-2135, 2139.

[127] LIU H Q, ZEIADA W, AL–KHATEEB G G, et al. Use of the multiple stress creep recovery（MSCR）test to characterize the rutting potential of asphalt binders：A literature review［J］. Construction and Building Materials, 2021, 269：121320.

[128] 唐乃膨, 黄卫东. 基于MSCR试验的SBS改性沥青高温性能评价与分级［J］. 建筑材料学报, 2016, 19(4)：665-671.

[129] 郭咏梅, 许丽, 吴亮, 等. 基于MSCR试验的改性沥青高温性能评价［J］. 建筑材料学报, 2018, 21(1)：154-158.

[130] KUTAY M E, LANOTTE M. Viscoelastic continuum damage（VECD）models for cracking problems in asphalt mixtures［J］. International Journal of Pavement Engineering, 2018, 19(3)：231-242.

[131] 郭东方, 张亮亮, 张明飞, 等. POE/SBS复合改性沥青高低温流变及疲劳性能研究［J］. 森林工程, 2022, 38(4)：163-171.

[132] 林梅, 李萍, 念腾飞, 等. 再生沥青微观结构对流变性能的影响［J］. 华中科技大学学报（自然科学版）, 2019, 47(6)：121-126.

[133] 李鹏飞, 胡观峰, 王大为, 等. 聚氨酯前驱体/苯乙烯-丁二烯-苯乙烯嵌段共聚物复合改性沥青及其改性机理［J］. 北京工业大学学报, 2022, 48(6)：655-666.

[134] YE W, JIANG W, LI P F, et al. Analysis of mechanism and time–temperature equivalent effects of asphalt binder in short–term aging［J］. Construction and Building Materials, 2019, 215：823-838.

[135] 张思敏. SBS-废食用油复合再生剂组成设计及再生沥青性能研究［D］. 长沙：长沙理工大学, 2023.

图书在版编目(CIP)数据

再生沥青分子模拟技术与性能评价／叶群山,李平,
羊治宇著. —长沙: 中南大学出版社, 2023.9
　　ISBN 978-7-5487-5561-6

　　Ⅰ. ①再… Ⅱ. ①叶… ②李… ③羊… Ⅲ. ①沥青拌
和料－分子－动力学－模拟方法 Ⅳ. ①U414

中国国家版本馆 CIP 数据核字(2023)第 177168 号

再生沥青分子模拟技术与性能评价
ZAISHENG LIQING FENZI MONI JISHU YU XINGNENG PINGJIA

叶群山　李平　羊治宇　著

□责任编辑	史海燕
□责任印制	唐　曦
□出版发行	中南大学出版社
	社址: 长沙市麓山南路　　　　邮编: 410083
	发行科电话: 0731-88876770　　传真: 0731-88710482
□印　　装	长沙鸿和印刷有限公司

□开　　本	710 mm×1000 mm 1/16	□印张 12	□字数 180 千字
□版　　次	2023 年 9 月第 1 版	□印次 2023 年 9 月第 1 次印刷
□书　　号	ISBN 978-7-5487-5561-6
□定　　价	65.00 元